# Maîtriser
# les produits dérivés
# en partant de zéro

www.masterderivatives.com

# Maîtriser
# les produits dérivés
# en partant de zéro

*Pour enfin comprendre
le monde de la finance !*

TJOMB BELL

ISBN 978-2-9554506-0-4
Couverture : M. Wisnu Dwi Saputro
Dépôt légal : janvier 2016
© décembre 2015, par TJOMB BELL
Contact : masterderivatives.contact@gmail.com

www.masterderivatives.com

*À mes parents.*

# REMERCIEMENTS

Ce livre est le résultat d'un travail collectif. Je tiens par conséquent à remercier chaleureusement toutes les personnes qui ont contribué de près ou de loin à rendre cet ouvrage meilleur. Plusieurs personnes ont notamment permis d'améliorer les différentes versions du manuscrit grâce à leurs relectures, commentaires et suggestions. Je me sens incroyablement chanceux de les avoir rencontrées. Un merci particulier à Masaspog BAYEMI, Carla NZILA, Karim ATTALAH, Donia ABDESSELEM, Antoine DE PIERREFEUX, Djeneba DJIKINE, Pr. Joseph Martin BELL, Bell Béa GWET, Martine DUJANCOURT, François GUIGNET, Claire BONIN, Corentin LEFAUCHEUX, David ROUSSEL et Yanis DACI. Je remercie également le designer Wisnu Dwi Saputro qui a réalisé la couverture du livre.

# TABLE DES MATIÈRES

# Quatrième partie : options

# INTRODUCTION

Les produits dérivés constituent à la fois la partie la plus importante[1] et la plus méconnue de la finance. Mais, au fait, qu'est-ce que la finance ?

## LA FINANCE

D'après le Larousse, la finance se définit comme la science de la gestion des patrimoines individuels, des patrimoines d'entreprise et des deniers publics. Une définition qui nous permet d'identifier les trois principales catégories de la finance, à savoir : les finances personnelles, les finances publiques et la finance d'entreprise. Cependant, il existe une quatrième catégorie...

## LA FINANCE DE MARCHÉ

Il s'agit de la branche de la finance qui s'intéresse au fonctionnement des marchés financiers. Ces derniers permettent de mettre en relation les agents économiques ayant des capacités de placement avec ceux qui ont des besoins de financement. Les marchés financiers permettent également de mieux répartir les risques financiers entre les agents économiques ayant les moyens de les gérer, et ceux qui ne souhaitent pas prendre en charge ce type de risque.

Les marchés financiers sont scindés en plusieurs grandes familles. La première distinction se fait entre les <u>actifs financiers classiques</u> d'une part et les <u>produits dérivés</u> d'autre part.

---

[1] Les produits dérivés constituent la partie la plus importante de la finance en termes de volume de transactions.

## LES ACTIFS FINANCIERS CLASSIQUES

Parmi les actifs financiers classiques, on peut citer :

- Le marché des taux d'intérêt. C'est le marché de la dette. Il compte lui-même deux principaux marchés :
  - le marché monétaire, dédié aux dettes à court terme ;
  - le marché obligataire, dédié aux dettes à long terme.
- Le marché des changes, marché sur lequel s'échangent les devises.
- Le marché des actions, marché sur lequel s'échangent des parts d'entreprise.
- Le marché des matières premières.

La deuxième grande famille des marchés financiers est constituée des produits dérivés, qui sont l'objet du présent ouvrage.

## LES PRODUITS DÉRIVÉS

S'ils existent depuis des siècles, ce n'est qu'à partir des années 1970 que les produits dérivés se sont généralisés dans les salles de marché. Les banques se sont ruées sur cette nouvelle manne financière, tant et si bien qu'aujourd'hui, l'encours de ces actifs vaut environ dix fois le produit intérieur brut (PIB) mondial. Dans l'intervalle, ils ont permis aux traders d'empocher des milliards d'euros de bonus, et aux banques de générer des centaines de milliards d'euros de bénéfices.

Cependant, les produits dérivés sont au cœur de la majorité des plus gros scandales financiers de ces trente dernières années. Mais surtout, ils sont directement impliqués dans les deux crises qui ont fait vaciller l'économie mondiale (la crise des *subprimes* de 2007 et la crise des dettes souveraines de 2011).

Malgré cela, une très grande partie de la population n'a qu'une vision très partielle de ce que sont les produits dérivés.

L'une des raisons de ce décalage résulte du fait que les acteurs impliqués dans les transactions sur les produits dérivés sont peu nombreux. Ces derniers sont principalement les banques, les investisseurs institutionnels (fonds de pension, assureurs, fonds d'investissement, etc.), les entreprises multinationales et les États.

Penchons-nous maintenant sur les différents produits qui font partie de la famille des produits dérivés.

### Les différentes catégories de produits dérivés

Les produits dérivés sont ainsi nommés car leur valeur dépend de la valeur d'un autre actif. Cet autre actif, généralement appelé sous-jacent, peut être une action, une obligation, une devise, etc. Il y a plusieurs sortes de produits dérivés. On peut citer :

- les contrats à terme (*forwards*, *futures*) ;
- les contrats de *swaps* ;
- les contrats optionnels.

Plus récemment, une nouvelle gamme de produits dérivés a vu le jour : il s'agit des produits dérivés de crédit. Cette nouvelle catégorie combine certaines caractéristiques des produits précédemment cités, ce qui en fait une catégorie bien à part.

Maintenant, il est temps d'entrer dans le vif du sujet, avec, en entrée, les *forwards*. Bon appétit !

# _Première partie_

# **Forwards**

# Chapitre I
# BIENVENUE DANS LE MONDE FORMIDABLE DES *FORWARDS* !

- **Définition**
- **Le marché des *forwards***
- **Exercices**

Un *forward* est un produit dérivé plutôt simple à comprendre. Pour en illustrer le principe, supposons que vous venez d'hériter d'une exploitation agricole. La vie à la campagne ne vous enchante guère, alors vous souhaitez convertir votre héritage en espèces sonnantes et trébuchantes. Cependant, vous devrez attendre la période des récoltes (soit un an) pour en tirer le meilleur prix (environ 100 000 euros).

Mais il y a un problème. En effet, une météo capricieuse ou une épidémie bactérienne peuvent réduire à néant vos projets. Afin de vous prémunir contre ces risques, votre conseiller financier local vous propose d'avoir recours à un produit financier : un *forward* !

Grâce à un contrat *forward*, vous dit-il, vous serez en mesure de fixer votre prix de vente dès aujourd'hui (**105 000 euros**), mais vous ne percevrez l'argent que dans **un an,** au moment de la vente de l'exploitation agricole. Voilà une solution idéale qui règle d'un coup tous vos problèmes.

Vu autrement, on peut considérer que le risque de baisse de prix de votre exploitation dans un an n'est plus porté par vous, mais par la personne physique ou morale avec laquelle vous avez conclu le contrat *forward* ; on parle aussi de contrepartie. Ainsi, peu importe que le prix de votre exploitation s'apprécie à 120 000 euros ou se réduise à 80 000 euros, votre contrat *forward* vous garantit que vous pourrez le revendre à 105 000 euros dans un an.

Cependant, une petite question vous taraude : pourquoi avoir signé un contrat de 105 000 euros alors que l'exploitation est estimée à 100 000 euros ? Eh bien parce que le temps, c'est de l'argent. Il y a un concept fondamental en finance, qui stipule que la valeur d'un montant $x$ aujourd'hui équivaut à un montant plus élevé dans le futur. On peut utiliser la formule dite des intérêts composés $x(1 + i)^a$ pour déterminer la valeur exacte de ce « montant plus élevé », $i$ étant le taux d'intérêt et $a$ le nombre d'années. Eh oui, dans le monde de l'argent, le temps a un prix. C'est pour cette raison que vous percevez des intérêts quand vous mettez de l'argent sur votre compte d'épargne, et c'est aussi pour cela que vous payez des intérêts (généralement à un taux plus élevé) quand vous empruntez de l'argent à votre banque. C'est pour cette même raison que, dans votre contrat *forward*, le montant que vous recevrez dans un an est de $100\,000.(1+0,05)^1$, soit 105 000 euros, si l'on prend l'hypothèse d'un taux d'intérêt à 5 %.

## Définition

Pour résumer, on peut définir un *forward* comme étant un engagement ferme, entre deux contreparties, pour acheter ou vendre une quantité déterminée d'un actif (le sous-jacent) à une date donnée (la date d'échéance) et à un prix (le prix d'exercice) convenu à l'avance.

Observons cette définition de plus près. Nous avons l'expression « **engagement ferme** », qui distingue notamment les *forwards* d'une autre famille de produits dérivés : les options[2], pour lesquelles l'engagement est optionnel. On peut également noter le terme « **sous-jacent** », un indice qui montre que nous sommes en présence d'un produit dérivé qui, comme son nom l'indique, dérive d'un autre actif. **La date d'échéance** permet de distinguer notre contrat *forward* d'un contrat au comptant (ou contrat *spot*),

---

[2] Pour en savoir davantage sur les options, veuillez vous reporter à la quatrième partie de l'ouvrage.

dans lequel la transaction est réalisée immédiatement (le marché des actions est un exemple de marché au comptant). Mais cette définition ne nous permet pas de distinguer les contrats *forwards* d'autres contrats très proches de ces derniers, à savoir les contrats *futures*. En effet, la grande différence entre les *forwards* et les *futures* tient au fait que les *forwards* sont négociés de gré à gré, ou *OTC*, tandis que les *futures* sont négociés sur des marchés organisés.

> **De gré à gré**, ou Over The Counter (OTC) : *désigne un marché sur lequel les acheteurs et les vendeurs négocient directement, sans passer par l'intermédiaire d'une plate-forme centralisée.*

## Le marché des *forwards*

L'origine des *forwards* est très ancienne, car ils ne nécessitent pas la mise en place d'un marché organisé. Aujourd'hui, ils occupent une place de choix dans la panoplie des instruments financiers utilisés par les opérateurs de marché. De fait, le marché des *forwards* a été mondialisé, mais il se concentre surtout au sein des grandes institutions financières.

En théorie, un contrat *forward* est négocié entre deux intervenants ayant des besoins opposés. Cependant, en pratique, l'opération se déroule généralement entre un client et un courtier, ce dernier mettant indirectement en relation des intervenants ayant des besoins opposés. Les courtiers, ici, sont souvent les grandes institutions bancaires mondiales. Les clients, quant à eux, sont les institutions financières, les multinationales, les gouvernements, ainsi que les organisations non gouvernementales.

Malgré l'idée communément admise, les produits dérivés peuvent être d'une réelle utilité pour les entreprises. Par exemple, pour fixer le prix d'une vente ou d'une commande future, une entreprise pourra avoir recours à un *forward*. Car, à l'origine, les *forwards*, comme les autres produits dérivés, ont un rôle d'assurance ou, plus précisément, un rôle de couverture contre les risques de marché. Mais, bien sûr, ils peuvent aussi être utilisés comme de puissants instruments de spéculation. Ce dernier rôle est davantage décrié, et parfois à raison. Il faut néanmoins garder à l'esprit que les deux (couverture et spéculation) sont liées.

Prenons une entreprise qui a recours à un *forward* pour se couvrir contre les variations du marché des devises afin de protéger ses marges sur une future commande. Si l'on se place à l'échelle globale du marché, on réalise que l'entreprise n'a pas éliminé le risque de change. Elle l'a simplement transféré vers un autre opérateur mieux outillé pour gérer ce type de risque. Mais, comme nous allons le voir dans le récit qui va suivre, la frontière entre couverture et spéculation est parfois ténue.

### Quand un hedger *se transforme en trader...*

*Nous sommes en 1989, au Japon. L'entreprise Showa Shell Sekiyu K.K. est spécialisée dans le raffinage et la distribution du pétrole. Showa Shell est, comme son nom l'indique, une filiale du géant pétrolier anglo-néerlandais Royal Dutch Shell. Le Japon n'étant pas connu pour être un émirat pétrolier, Showa Shell doit donc importer du pétrole brut. Ce faisant, elle s'expose à la fois au risque de variation du cours du brut, mais aussi au risque de variation du dollar face au yen, le pétrole étant négocié en dollars sur les marchés internationaux. C'est précisément en essayant de se couvrir contre ce dernier risque que l'entreprise opte pour un* forward *de change. Mais, pour des raisons non* élucidées, l'opération de couverture à court terme se transforme peu à peu en position spéculative à long terme. En effet, durant l'année 1989, le cours du JPY/USD[3] va atteindre un pic, avant d'entamer une longue baisse qui durera plusieurs années, au grand dam des traders de Showa Shell, qui misent sur un retournement du marché à court ou à moyen terme. Le rebond attendu n'arrivant pas, les pertes dissimulées par les traders fraudeurs vont grossir de mois en mois, puis d'année en année. Ce n'est qu'en 1993 que le P.-D.G. de Showa Shell est officiellement alerté et que le scandale éclate. On découvre alors une exposition de plus de six milliards de dollars. La position est rapidement débouclée, avec, au passage, une perte d'environ un milliard de dollars. Les traders en cause seront licenciés, et le P.-D.G. contraint à la démission.

[3] JPY/USD : *Japanese Yen* versus *US Dollar*

# EXERCICES

## Exercice 1.1.

Donnez la définition d'un contrat *forward*.

## Exercice 1.2.

Les *forwards* sont-ils négociés de gré à gré ou sur un marché organisé ?

## Exercice 1.3.

Vous recevez 100 000 euros aujourd'hui. Le montant doit être remboursé dans 5 ans en totalité à l'échéance avec un taux d'intérêt de 6 %. En utilisant la formule des intérêts composés, déterminez le montant que vous aurez à rembourser.

# Chapitre II
# LES TYPES DE PRODUITS
# *FORWARDS*

- Les *forwards* de change
- Les *forwards* sur actions et les *forwards* sur indices
- Les *forwards* sur taux d'intérêt
- Les autres types de *forwards*
- Exercices

# Les *forwards* de change

Comme nous l'avons vu, les *forwards* sont très utilisés sur le marché des devises (« le *Forex*[4] » si vous voulez être dans le coup !). D'ailleurs, il y a une raison historique à cela. En effet, en 1971, le président Richard Nixon décide de mettre un terme au système des taux de change fixes mis en place en 1944 au lendemain de la guerre. De cette décision résultera une augmentation sans précédent de la volatilité (la variation des prix) sur le marché des devises. Or, qui dit augmentation de la volatilité, ~~dit augmentation des bonus~~ ☺ ! dit augmentation des risques, ce qui implique d'avoir des instruments permettant de diminuer, voire de neutraliser ces risques.

C'est à ce stade que les *forwards* de change entrent en scène. Imaginez que vous venez d'être propulsé patron de l'avionneur Airbus. Dès votre premier voyage d'affaires, vos talents commerciaux font merveille et vous réussissez à engranger 600 millions de dollars de commandes. Problème, vous ne recevrez l'argent que dans six mois. Or, entre-temps, une variation du cours de l'EUR/USD sur le marché des changes pourrait anéantir vos marges déjà particulièrement serrées. La solution ? Un *forward* de change bien sûr !

Supposons que le cours actuel de l'EUR/USD soit de 1,200. Vous mettez en place, par le biais de votre banque, un *forward* de change sur un montant de 600 millions de dollars (soit 500 millions d'euros). Six mois plus tard, le cours de l'EUR/USD culmine désormais à 1,333 et votre client vous règle les 600 millions de dollars comme mentionné dans le contrat. Cependant, quand le cours de l'EUR/USD cote 1,333, les 600 millions de dollars ne valent plus que 450 millions

---

[4] Forex = *Foreign Exchange*

d'euros, au lieu de 500 millions d'euros à la signature, soit une perte potentielle de 50 millions d'euros.

Heureusement, vous avez été prudent. Ainsi, grâce à votre *forward* de change, c'est le taux de change fixé à la signature qui s'applique, à savoir 1,200. Vous recevez donc 500 millions d'euros comme prévu à l'issue des six mois[5]. Génial non ?

# Les *forwards* sur actions et les *forwards* sur indices

Les actions sont également très utilisées comme sous-jacents dans le cadre des contrats *forwards*. On parle de **forwards sur actions**, mais l'équivalent anglo-saxon, « *equity forward* », est également très utilisé. Les contrats *forwards* les plus courants concernent les actions les plus liquides (c'est-à-dire les actions ayant les volumes de transactions les plus importants).

Les *forwards* sur actions peuvent être utilisés dans une optique de couverture (de l'anglais *hedge*) en vue de neutraliser les variations de prix d'un sous-jacent, ici une action. Comme les autres produits dérivés, les *forwards* peuvent aussi être utilisés comme outils de spéculation.

Il existe également beaucoup de contrats **forwards sur les indices** boursiers, comme le CAC 40. Ces contrats sont généralement très prisés par les investisseurs, car très liquides.

---

[5] Attention, ce calcul est une approximation, car les taux d'intérêt du dollar et de l'euro n'ont pas été pris en compte dans le calcul, pour des besoins de simplification.

# Les *forwards* sur taux d'intérêt

Les taux d'intérêt ne sont pas en reste. En effet, il existe des **contrats forwards sur les taux d'intérêt.** Leur fonctionnement est assez proche de celui des *forwards* sur actions.

Cependant, les **accords de taux futurs** − de l'anglais *Forward Rate Agreement*, ou **FRA** − sont des *forwards* de taux permettant de fixer dès aujourd'hui un taux d'intérêt pendant un intervalle de temps débutant à une date future. Ces contrats surpassent, en termes de volume, tous les contrats *forwards* que nous avons évoqués jusqu'ici. En effet, d'après les chiffres de la Banque des règlements internationaux, environ 75 trillions [6] de dollars de contrats *FRA* se sont échangés au premier semestre 2015.

### Description d'un FRA

Nous allons donc nous pencher sur les *FRA*, qui sont, avec les *swaps* de taux, les produits dérivés les plus utilisés sur les marchés financiers, toutes catégories confondues. Mais, avant cela, essayons de bien comprendre ce qu'est un *FRA* et dans quel contexte il peut nous être utile.

Supposons que vous êtes à la tête d'une agence immobilière en forte croissance. Vous venez de dénicher un bien immobilier particulièrement intéressant. Hélas, celui-ci ne sera disponible que dans trois mois. De plus, vous souhaitez financer cette acquisition par un emprunt que vous rembourserez à court terme, soit en six mois. À noter que, par ailleurs, le pays vient de traverser une grave crise économique,

---

[6] Un trillion vaut mille milliards.

ce qui a poussé les banques centrales à réduire les taux d'intérêt à un niveau particulièrement bas. Mais la conjoncture économique s'améliore rapidement et la presse financière fait désormais état d'une hausse imminente des taux d'intérêt. Vous faites part de la situation à votre directeur financier et la réponse fuse : « Vous aurez besoin d'un *FRA* trois par neuf ! », vous dit-il.

Avant de décrypter l'énigmatique réponse de notre très compétent directeur financier, essayons d'abord de résumer notre besoin. En somme, nous avons besoin de faire un emprunt dans trois mois, au taux d'intérêt en vigueur aujourd'hui. Nous souhaitons rembourser l'emprunt en six mois. Les **trois mois** d'attente et les six mois de remboursement font que notre montage financier s'étale sur **neuf mois**. Or, cela correspond exactement aux caractéristiques d'un *FRA* **trois par neuf**, qui permet justement d'emprunter dans trois mois une somme d'argent à rembourser en six mois au taux d'intérêt en vigueur aujourd'hui. Notre directeur financier nous a donc proposé le bon produit.

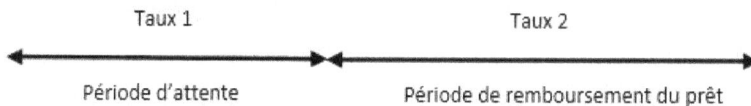

| Taux 1 | Taux 2 |
|---|---|
| Période d'attente | Période de remboursement du prêt |

Il est cependant très important de noter que, sur les marchés financiers, les taux d'intérêt utilisés sont généralement des taux de marché, ou taux de référence. Le taux LIBOR est le plus utilisé à cet effet. Le LIBOR, qui signifie *London Interbank Offer Rate*, est le taux d'intérêt auquel des banques internationales installées à Londres prêtent le dollar à d'autres banques. On dit que ces banques s'échangent des **eurodollars**.

On qualifie d'eurodollar toutes les devises en dollar négociées hors des États-Unis. On a l'équivalent pour d'autres devises majeures, par exemple l'eurosterling pour les devises britanniques échangées hors du Royaume-Uni ou l'euroyen pour les devises japonaises échangées hors de l'archipel nippon.

Bien sûr, il existe des taux équivalents au LIBOR pour ces devises délocalisées. L'euroyen, par exemple, s'échange au taux TIBOR (*Tokyo Interbank Offer Rate*). Notez également que l'euro, dans l'euroyen ou dans l'eurodollar, n'a rien à voir avec la devise euro, car l'euroyen et l'eurodollar existaient avant la création en 1999 de l'euro. Cependant, la monnaie euro a elle aussi son taux. Il s'agit de l'EURIBOR, le taux auquel s'échangent les euros sur les marchés.

## Les autres types de *forwards*

Il existe évidemment d'autres types de *forwards* en dehors de ceux mentionnés précédemment. Citons, pour commencer, les *forwards* sur **les matières premières**. Parmi les **métaux précieux**, l'or est bien sûr le plus célèbre représentant de cette catégorie de *forwards*. Dans les *forwards* de type **énergétique,** on retrouve sans surprise, les *forwards* sur le pétrole brut. L'imagination de nos chers ingénieurs financiers étant très fertile, on a vu fleurir des catégories de produits de plus en plus exotiques, notamment les *forwards* **climatiques**. Ici, les sous-jacents peuvent être la température, la pluviométrie ou la vitesse du vent. En cas de canicule, d'ouragan ou de tornade, il y en a qui se frottent les mains...

# EXERCICES

## Exercice 2.1.

Quel événement historique a contribué au développement du marché des *forwards* de change ?

## Exercice 2.2.

Quel est le produit *forward* le plus négocié sur les marchés financiers ?

## Exercice 2.3.

Quel est le taux de référence le plus utilisé sur les marchés financiers ? Définissez-le.

# _Deuxième partie_

# **Futures**

# Chapitre III
# PRINCIPALES CARACTÉRISTIQUES DES CONTRATS *FUTURES*

- Il était une fois les *futures...*
- Définition
- L'actif sous-jacent
- L'échéance
- La liquidation
- La livraison
- Le dépôt de garantie
- Exercices

# Il était une fois les *futures*...

L'histoire des *futures* est liée à celle des marchés organisés. La majorité des auteurs s'accorde à dire que le premier marché organisé a vu le jour au Japon sur le marché du riz de Dojima à Osaka durant l'ère Tokugawa au début des années 1700. Les premiers contrats à terme auraient été introduits à partir de 1730, afin d'offrir une solution aux agriculteurs contre la fluctuation des prix. Répondant à un réel besoin, les contrats *futures* prospérèrent rapidement, en même temps que le marché des *futures* se modernisait.

C'est aux États-Unis qu'une nouvelle page de l'histoire des *futures* va s'écrire. Le pays obtient son indépendance en 1776 et va dès lors connaître une croissance exceptionnelle, portée notamment par un secteur agricole très dynamique. Dans ce contexte, une ville va particulièrement tirer son épingle du jeu : Chicago. La ville occupe en effet une position stratégique au cœur de la région des Grands Lacs baptisée « le grenier de l'Amérique ». Très vite, Chicago va devenir l'épicentre du commerce des matières premières aux États-Unis. C'est dans cette logique qu'en 1848, le *Chicago Board Of Trade* (*CBOT*) voit le jour. Cette Bourse fut créée notamment pour faciliter et sécuriser l'échange des contrats à terme. C'est la première Bourse de ce type au monde, mais ce ne sera pas la dernière. En effet, cinquante ans plus tard (1898), est fondé l'ancêtre de ce qui deviendra en 1919 le *Chicago Mercantile Exchange* (*CME*). New York n'est pas en reste, car, en 1882, le *New York Mercantile Exchange* (*NYMEX*) ouvre également ses portes. Ces trois Bourses (*CBOT*, *CME* et *NYMEX*) sont aujourd'hui regroupées en une seule entité au sein du *CME Group*.

En Europe, le marché des *futures* va s'organiser, dans un premier temps, autour de trois places fortes. Le *London*

*International Financial Futures and options Exchange* (*LIFFE*), *Eurex* et *Euronext. Eurex* est le résultat de la fusion de la *Deutsche Terminbörse* (*DTB*) et de la *Swiss Options and Financial Futures Exchange* (*SOFFEX*). *Euronext* est pour sa part issue de la fusion des Bourses françaises, néerlandaises, belges et portugaises. Mais les phénomènes de fusions/acquisitions ne vont pas s'arrêter là. En 2006, le *New York Stock Exchange* (*NYSE*) absorbe Euronext, puis le *LIFFE* un an plus tard. L'ensemble va donner naissance au *NYSE Euronext,* qui se fera lui-même racheter en décembre 2012 par l'*Intercontinental Exchange* (*ICE*).

Dans le reste du monde, les principales Bourses sont le *Tokyo Financial Exchange* (*TFX*) au Japon et le *Bolsa de Valores, Mercadorias & Futuros BOVESPA* (*BM&FBOVESPA*) à São Paulo au Brésil.

# Définition

Les *futures* sont des contrats à terme. Le mot « terme », issu du latin « *terminus »,* suggère la notion de borne, de limite. En effet, les contrats à terme ont en commun la caractéristique d'être bornés dans le temps. Ce n'est pas le cas d'autres actifs financiers, à l'instar des actions, que l'on peut théoriquement conserver de façon illimitée. Un contrat *futures* se définit comme un engagement ferme entre deux contreparties pour acheter ou vendre une quantité déterminée d'actifs (le sous-jacent) à une date donnée (la date d'échéance) et à un prix convenu à l'avance (le prix d'exercice). Pour mieux comprendre les *futures*, analysons plus en détail les caractéristiques d'un contrat.

# L'actif sous-jacent

Il s'agit généralement d'un actif financier (action, devise, taux d'intérêt, etc.), mais il peut également être question d'un actif physique (produit agricole, métal, source d'énergie), d'un indice boursier ou climatique.

# L'échéance

Comme nous l'avons évoqué précédemment, un contrat à terme est un contrat borné dans le temps. Naturellement, on doit retrouver, dans ce contrat, la date de début et la date de fin du contrat (l'échéance). Les contrats *futures* ont également des dates d'échéance standardisées. Les mois d'échéance les plus fréquents sont mars, juin, septembre et décembre. La date d'échéance coïncide généralement avec le troisième vendredi du mois d'échéance. C'est à ce moment qu'intervient ce que l'on appelle la liquidation.

# La liquidation

Liquider, clôturer, déboucler, dénouer ou fermer une position sont autant de termes utilisés par les opérateurs de marché pour décrire la même chose. Il s'agit de vendre des contrats pour lesquels on était acheteur ou, inversement, d'acheter des contrats pour lesquels on était vendeur. Sur le marché des *futures*, cette liquidation intervient à l'échéance du contrat. La liquidation donne généralement lieu à une compensation en cash, mais, dans certains cas, elle peut donner lieu à une livraison du sous-jacent.

# La livraison

On parle généralement de livraison quand le sous-jacent est une matière première. Les contrats sont majoritairement dénoués avant la date de livraison. Cela permet justement d'éviter la livraison du sous-jacent. Vous admettrez qu'il est plus commode pour un trader de gérer des milliers d'euros plutôt que d'avoir à gérer des milliers de boisseaux de blé. Cependant, la livraison a un impact sur le prix des *futures*, d'où l'intérêt de savoir de quoi il retourne.

Le prix des *futures* sera plus ou moins majoré en fonction de la possibilité de la livraison. Et, si livraison il y a, le prix variera également en fonction du lieu de livraison. Néanmoins, ne vous attendez pas non plus à recevoir, sur le pas de votre porte, vos carcasses de porc congelé. Les lieux de livraison sont déterminés par les autorités de marché en fonction de la source de la matière première et de la distance de livraison. Cependant, que le contrat soit dénoué par le biais d'une livraison ou par un échange de cash, le courtier exigera toujours de son client un dépôt de garantie à l'ouverture de sa position.

# Le dépôt de garantie

Plus connu sous le nom de *deposit*, le dépôt de garantie est un préalable à toute transaction sur le marché des *futures*. Il permet à votre courtier de s'assurer que vous serez en mesure de couvrir une éventuelle perte sur votre position. Le courtier doit lui aussi faire un dépôt de garantie auprès de la chambre de compensation.

Dans la majorité des cas, le dépôt de garantie se fait en cash. Néanmoins, certains courtiers acceptent également des titres de capital (ex. : les actions), des titres de créance (ex. : les obligations) et même des titres d'OPCVM (organisme de placement collectif en valeurs mobilières). Cependant, la valeur du *deposit* sera majorée en fonction de la liquidité des actifs en question.

Supposons que vous souhaitiez ouvrir un compte de *futures* chez votre courtier. Ce dernier vous demandera par exemple un dépôt de garantie de 4 000 euros en cash. Si vous choisissez de payer votre dépôt de garantie avec des actions plutôt qu'avec du cash, votre courtier vous demandera par exemple l'équivalent de 8 000 euros en actions pour garantir le même compte. Cela peut sembler excessif, mais songez qu'en acceptant des actions à la place du cash, le courtier s'expose deux fois plus à la baisse de votre position *futures*, mais également à la baisse de votre dépôt de garantie en actions.

Maintenant que tous les fondamentaux d'un contrat *futures* sont bien en place, nous allons pouvoir entrer dans le vif du sujet pour découvrir les subtilités du *trading* d'un contrat *futures*.

# EXERCICES

## Exercice 3.1.

Qu'est-ce que l'échéance d'un contrat *futures* ? Citez les jours d'échéance les plus fréquents des contrats *futures*.

## Exercice 3.2.

Que désigne la liquidation d'une position dans le cadre d'un contrat *futures* ? Quand intervient-elle ?

## Exercice 3.3.

Quel type de sous-jacent peut faire l'objet d'une livraison dans un contrat *futures* ? Comment font les traders pour éviter la livraison ?

## Exercice 3.4.

Pour quelle raison les courtiers exigent-ils un dépôt de garantie sur les contrats *futures* ? Sous quelles formes peut-on faire un dépôt de garantie auprès d'un courtier ?

# Chapitre IV
# *TRADING* D'UN CONTRAT *FUTURES*

- **L'effet de levier**
- **L'appel de marge**
- **La chambre de compensation**
- **Exercices**

L'image du trader gesticulant frénétiquement sur un parquet appartient de plus en plus au passé. Par tradition, cette pratique dite de « cotation à la criée » subsiste encore aux États-Unis, mais elle tend à être remplacée par des plates-formes électroniques de *trading*. Dans ce dernier cas, les traders exécutent leurs ordres par le biais d'un terminal informatique. La dernière tendance dans le domaine est ce que l'on appelle le *trading* algorithmique. Ici, il n'est nul besoin de traders en chair et en os, l'ordinateur prend lui-même ses décisions d'achat et de vente.

Par ailleurs, le *trading* des *futures* n'est pas tout à fait identique à celui des actions. La standardisation du marché des *futures* s'applique aussi à la quantité de contrats que l'on peut négocier. Les contrats *futures* sont généralement composés de plusieurs unités d'un sous-jacent. Par exemple, un contrat *futures* sur le pétrole portera sur 100 barils, un contrat *futures* sur l'or portera sur 100 onces d'or et un contrat *futures* sur le CAC 40 portera sur l'équivalent en euros de 10 fois le cours du CAC 40. Cette pratique a beaucoup d'avantages pour les organisateurs du marché, car cela augmente la liquidité et permet de réduire les coûts de gestion.

Cependant, du point de vue du spéculateur, le regroupement d'unités de sous-jacents, indispensable à la création des contrats *futures*, peut constituer une barrière à l'entrée relativement élevée. En effet, si l'on prend l'exemple de contrats *futures* CAC 40, il faudrait être en possession de 40 000 euros (soit 4 000*10 €) pour effectuer la moindre transaction, sur la base d'un cours à 4 000 points. Ce montant n'est évidemment pas à la portée de tout le monde. À ceci près que vous n'aurez pas besoin d'avoir les 40 000 euros sur votre compte en banque, car votre courtier vous les prêtera ! Eh oui, vous avez bien lu. Ce cadeau a cependant une petite contrepartie – nous en avons déjà parlé – : il s'agit du **dépôt de garantie**. Concrètement, quand on négocie sur les contrats *futures,* et plus généralement sur la majorité des produits dérivés, les échanges de flux financiers entre vous et votre courtier (ou *broker*) portent sur la plus (ou moins) value.

Pour illustrer cela, prenons une transaction effectuée sur un contrat *futures* CAC 40. L'indice sous-jacent se situant à 4 000 points et le point d'indice valant 10 euros, notre position *futures* sera donc de 40 000 euros. Pour avoir ce privilège, nous devrons faire au préalable un dépôt de garantie de 4 000 euros. À la fin de la journée, le CAC 40 clôture à 4 100 points, soit une hausse de 2,5 %. Combien nous a rapporté notre contrat *futures* ?

4 100 - 4 000 = 100 points
100 points * 10 euros, soit 1 000 euros de profit !

Au-delà du montant que nous avons ainsi récolté, ce qui est plus intéressant, c'est le rendement de notre investissement. Sur les *futures*, les rendements ont généralement une forte volatilité, en raison de ce que l'on nomme l'effet de levier.

## L'effet de levier

« *Donnez-moi un point d'appui, et un levier, je soulèverai le monde.* » Cette citation, généralement attribuée à Archimède, illustre la puissance d'un levier au sens mécanique du terme, le levier permettant d'amplifier l'effort. En finance, l'idée est la même, à ceci près qu'ici, il s'agit d'amplifier le rendement d'un investissement. L'amplification des rendements financiers se fait en ayant recours plus ou moins directement à l'endettement. Dans le cas du *trading* des *futures*, l'endettement est indirect, car, lorsque nous nous retrouvons en possession de 40 000 euros d'un contrat *futures* à traiter, nous ne pouvons pas virer les 40 000 euros sur notre compte en banque et les rendre plus tard au courtier ! Ce qui nous revient, en revanche, c'est notre *deposit*, additionné à notre performance, cette dernière pouvant être positive ou négative.

En outre, l'effet de levier va bel et bien opérer. Pour véritablement nous en rendre compte, calculons la rentabilité de notre investissement. Nous avons dépensé 4 000 euros pour le *deposit* et, à la fin de la journée, notre plus-value est de 1 000 euros. Cela équivaut à un rendement de 25 % (en une journée s'il vous plaît !) alors que, dans le même temps, le CAC 40 n'a progressé que de 2,5 %. Notre performance est donc dix fois plus élevée que la performance du sous-jacent, ce qui est parfaitement logique, puisque nous avons un levier de 1 pour 10 (autrement dit, un levier de 4 000 [notre *deposit*] pour 40 000 [la valeur du contrat *futures*]). Cependant, il est très important de ne jamais perdre de vue que l'effet de levier joue ici dans les deux sens. En d'autres termes, si le CAC 40 baisse de 2,5 %, notre perte sera également de 25 % et, là aussi, en l'espace d'une journée. Cela ferait passer notre compte *deposit* de 4 000 euros à 3 000 euros.

Penchons-nous maintenant sur le cas d'une baisse du CAC 40. C'est le scénario qui préoccupe le plus les organisateurs du marché. Prenons une hypothèse extrême : une baisse de 20 % du CAC 40 en une seule journée. Que va-t-il advenir de la position *futures* ? Pour commencer, notre position de 40 000 euros va chuter à 32 000 euros, soit une perte de 8 000 euros. Cela correspond à une performance de -200 % de notre contrat *futures*. Notre *broker* [7] va donc

---

[7] *Broker* : « courtier » en français

récupérer notre dépôt de garantie de 4 000 euros. Mais il manquera dans les caisses du courtier 4 000 euros supplémentaires pour être à l'équilibre. Si, ayant investi 100 % de notre capital, nous ne sommes pas en mesure de rendre à notre courtier les 4 000 euros restants, il devra enregistrer une perte de 4 000 euros, du moins pour le moment. Cela reste raisonnable, mais le problème prend une tout autre ampleur si plusieurs clients du *broker* sont concernés simultanément par une perte de même nature. C'est pour prévenir cette situation qu'un système à la fois simple et ingénieux a été mis en place : il s'agit du mécanisme d'appel de marge.

## L'appel de marge

Le principe de l'appel de marge est le suivant. Imaginez que vous êtes serveur dans un bar. Votre responsable vous demande de veiller à ce que les verres de bière des clients ne soient jamais vides. Astucieux, vous choisissez des verres de 50 cl avec une marque à 30 cl. Ainsi, à chaque fois que le niveau de bière dans le verre d'un client passe en dessous de cette marque de 30 cl, vous incitez le client à remplir à nouveau son verre. Le principe de l'appel de marge est le même. Remplacez les 50 cl par le montant du dépôt de garantie, les 30 cl par le niveau du compte *deposit* à partir duquel l'appel de marge est déclenché, le serveur par un courtier, la bière par des euros, le bar par une Bourse de *futures*, et vous aurez un bon aperçu du mécanisme de l'appel de marge !

Sortons du bar et replongeons-nous dans les *futures*. Pour cela, nous allons, si vous le voulez bien, reprendre notre exemple de *futures* CAC 40. L'ensemble des transactions est résumé dans le tableau 4.1. ci-dessous. Dans le détail, voici ce qui se passe.

**Jour 0 :** le jour 0 correspond au moment de l'achat du contrat *futures*. Le CAC 40 vaut 4 000 points. Pour être en mesure de passer des ordres, nous allons verser au préalable un dépôt de garantie, ou *deposit*, de 4 000 euros.

**Jour 1 :** le jour 1 correspond à la situation de notre position à la fin de la première journée. On note que le CAC 40 a progressé de 100 points. Le point d'indice valant 10 euros, notre position nous a donc rapporté 10 euros * 100 points, soit 1 000 euros. Cela va porter le total de notre compte *deposit* à 5 000 euros.

**Jour 2 :** à l'issue du deuxième jour, le CAC 40 enregistre une baisse de 150 points, clôturant à 3 950 points. Notre compte *deposit* est donc amputé de 1 500 euros et il ne nous reste plus que 3 500 euros. Le processus d'appel de marge n'est cependant pas déclenché, car nous demeurons au-dessus du seuil de 2 400 euros. Ce montant est ce que l'on appelle la **marge de maintenance**, ou le montant minimal autorisé sur cette position.

**Jour 3 :** une deuxième journée de baisse d'affilée va faire plonger l'indice parisien à 3 800 points. Cette nouvelle baisse va précipiter notre compte *deposit* à 2 000 euros, soit 400 euros en dessous de la limite autorisée, la fameuse marge de maintenance fixée, comme nous l'avons vu, à 2 400 euros. Cela va donc déclencher le processus d'appel de marge. En d'autres termes, notre courtier va nous réclamer, non pas 400 euros, mais bien 2 000 euros, afin de reconstituer notre niveau initial de marge.

**Jour 4** : après deux journées consécutives de baisse, le CAC 40 va reprendre des couleurs en clôturant à 3 950 points, soit une hausse de 150 points. Notre compte *deposit* passe, lui, de 2 000 à 5 500 euros. Cette hausse de 3 500 euros est due à notre gain (1 500 euros) ainsi qu'à l'appel de marge (2 000 euros).

**Jour 5** : la tendance de la veille va se confirmer, avec une nouvelle hausse de 100 points permettant au CAC 40 de clôturer à 4 050 points. Notre compte *deposit* va, lui, s'établir à 6 500 euros.

À partir des 6 500 euros, en enlevant le dépôt de garantie et les éventuels appels de marge, on retrouve notre profit :

$$6\ 500 - 4\ 000 - 2\ 000 = 500$$

**Tableau 4.1 : Mécanisme de l'appel de marge.** Cours initial 4 000 points. La marge initiale, ou *deposit*, est de 4 000 euros par contrat. La marge de maintenance est de 2 400 euros. Le point d'indice vaut 10 euros.

| Jour | Cours du sous-jacent | Variation du cours | Gain | Gain cumulé | Compte *deposit* | Appel de marge |
|------|------|------|------|------|------|------|
| 0 | 4 000 | | | | 4 000 | |
| 1 | 4 100 | 100 | 1 000 | 1 000 | 5 000 | |
| 2 | 3 950 | -150 | -1 500 | -500 | 3 500 | |
| 3 | 3 800 | -150 | -1 500 | -2 000 | 2 000 | 2 000 |
| 4 | 3 950 | 150 | 1 500 | -500 | 5 500 | |
| 5 | 4 050 | 100 | 1 000 | 500 | 6 500 | |

Le plus gros risque pour un courtier est de ne pas anticiper la baisse de la position d'un client. Pour éviter cela, chaque position est évaluée à la fin de la journée, afin de déterminer si l'appel de marge doit être déclenché. C'est ce que l'on appelle la compensation journalière (*daily settlement*), qui permet d'évaluer une position en fonction du prix du sous-jacent, ou, plus familièrement, en fonction du prix du marché (*mark to market*).

Jusqu'ici, nous avons décrit le processus d'appel de marge par rapport au courtier. Mais, en réalité, le courtier n'est qu'un intermédiaire dans le processus global. Le véritable pilier du système est ce que l'on appelle la chambre de compensation.

## La chambre de compensation

Le concept de la chambre de compensation s'ancre aussi bien dans le passé que dans le futur. Dans le passé d'abord, car l'histoire des chambres de compensation côtoie celle des marchés organisés. On retrouve la trace des premières chambres de compensation au Japon, sur le marché du riz de Dojima dans les années 1730. Aujourd'hui, la combinaison du poids important qu'ont pris les produits dérivés dans les marchés financiers d'une part, et les scandales financiers causés par ces mêmes produits dérivés d'autre part, poussent à la généralisation des chambres de compensation sur les marchés de produits dérivés de gré à gré. L'avenir semble donc radieux pour ce système, à la fois simple et complexe.

Une chambre de compensation (*clearing house*) est une entité financière ayant comme objectif d'éliminer le risque de contrepartie. Concrètement, une chambre de compensation est l'acheteuse de tous les vendeurs et la vendeuse de tous les acheteurs. Elle a pour rôle de gérer les différentes positions de ses clients. Elle détermine aussi le montant du dépôt de garantie et déclenche les appels de marge.

Dans le détail, une chambre de compensation a quatre rôles principaux : le rôle de contrepartie unique, la gestion des positions, la gestion des risques et la livraison du sous-jacent.

Contrepartie unique : en se substituant à l'acheteur et au vendeur, la chambre de compensation peut ainsi garantir la bonne fin des opérations. En cas de défaillance de notre contrepartie, nous serons quand même payés, compte tenu du fait que, dans ce système, notre réelle contrepartie est la chambre de compensation.

Gestion des positions : la chambre de compensation réceptionne et enregistre l'ensemble des transactions. Elle s'assure aussi qu'en face de chaque acheteur, il y a un vendeur. C'est ce que l'on appelle la réconciliation. Elle génère une confirmation pour chaque opération effectuée. Elle calcule également le solde de chaque position ouverte. De plus, elle est garante du bon fonctionnement du système de gestion des risques.

Gestion des risques : la chambre de compensation demande à ses adhérents de lui verser, pour chaque position, un dépôt de garantie dont elle détermine le montant de façon unilatérale. Elle détermine aussi la limite de la marge de maintenance, seuil à partir duquel est déclenché l'appel de marge. Comme nous l'avons vu, cet appel de marge permet de reconstituer le dépôt de garantie. Cependant, dans des cas extrêmes, ces dispositifs peuvent s'avérer insuffisants pour couvrir les pertes d'une contrepartie devenue insolvable. Pour pallier ce type de situation, la chambre de compensation possède un fonds de garantie supplémentaire. Ce fonds est alimenté par les clients de la chambre de compensation et il est généralement mutualisé avec d'autres chambres de compensation, afin d'en optimiser le rapport risque/coût.

La livraison du sous-jacent : en principe, une chambre de compensation ne gère pas directement la livraison. Cependant, c'est elle qui donne l'ordre au dépositaire central d'effectuer le règlement ou la livraison, une fois qu'elle s'est assurée que chacune des contreparties possède bien les produits pour les uns et le cash pour les autres.

Cela nous amène à un autre maillon de la chaîne : le dépositaire central. Un amalgame est généralement fait entre chambre de compensation et dépositaire central. Par exemple, LCH Clearnet est une chambre de compensation. Elle est issue de la fusion, en 2003, entre la principale chambre de compensation britannique, *The London Clearing House*, et la principale chambre de compensation française, Clearnet.

En revanche, Euroclear ou Clearstream sont des dépositaires centraux et internationaux de titres, ou ICSD (*International Central Securities Depositary*). Euroclear, créé à l'origine par la banque J.-P. Morgan & Co, est très actif en France, en Belgique, aux Pays-Bas, en Finlande, en Irlande, en Suède et au Royaume-Uni. Pour limiter le monopole d'Euroclear sur le marché de la conservation de titres en Europe, l'Allemagne a décidé, en 1971, de créer une institution que l'on connaît aujourd'hui sous le nom de Clearstream. En plus de son rôle de conservateur international de titres, Clearstream conserve aussi les titres des marchés locaux allemands et luxembourgeois. Environ 80 % de l'activité de Clearstream concerne la conservation de titres. Cependant, elle opère également en tant que chambre de compensation.

*En France, Clearstream est connue en raison de la forte médiatisation de l'affaire politico-financière dite « l'affaire Clearstream », ou encore « l'affaire du corbeau des frégates de Taïwan ».*

# EXERCICES

## Exercice 4.1.

Quel est l'intérêt principal de l'effet de levier ? Quel risque engendre son usage ?

## Exercice 4.2.

Vous faites un dépôt de garantie de 6 000 euros auprès de votre courtier. Ce dernier autorise un levier de 10 fois. Quel montant maximal serez-vous en mesure de traiter ?

## Exercice 4.3.

Décrivez le processus d'appel de marge de façon imagée (sans alcool s'il vous plaît ☺).

## Exercice 4.4.

Quel est l'objectif principal d'une chambre de compensation ?

## Exercice 4.5.

Citez les quatre rôles principaux d'une chambre de compensation.

# Chapitre V
# *FUTURES* SUR INDICES

- **Présentation du marché des *futures* sur indices**
- ***Pricing* d'un contrat *futures* sur indices**
- **Exercices**

# Présentation du marché des *futures* sur indices

L'usage des indices boursiers est très ancien. Le Dow Jones est connu pour être le plus vieil indice du monde, sa création remontant à 1884. Depuis cette période, les indices boursiers sont considérés par les investisseurs comme les baromètres des marchés. En effet, un indice boursier est composé d'un ensemble d'actions, généralement les capitalisations les plus importantes d'un marché. Les indices ont cependant un inconvénient, ils ne peuvent pas être achetés directement. Il est vrai que les indices ont été conçus davantage comme des indicateurs que comme des actifs à échanger. Théoriquement, il est possible d'acheter un indice en constituant un portefeuille ayant comme composants l'ensemble des actions de l'indice en question. Cependant, cette solution n'est guère pratique, ne serait-ce qu'en raison des frais de courtage prohibitifs que cela engendrerait. L'autre solution consiste à acheter un fonds indiciel, ou *Index Tracker*, ou encore ETF (*Exchange-Traded Fund).* Un fonds indiciel est un fonds de placement reproduisant les performances d'un indice boursier. En France, ce type de fonds est géré par les organismes de placement collectif de valeurs mobilières (OPCVM).

Dans le monde des *futures*, acheter un contrat *futures* sur un indice est aussi simple qu'acheter un contrat *futures* sur une action. Cela est possible grâce à la nature des *futures*. Comme nous l'avons vu, quand on négocie un contrat *futures*, il n'est pas nécessaire de posséder l'actif sous-jacent, car seule la plus (ou moins) value est échangée. Sachant que cette plus ou moins-value est elle-même fonction de la hausse ou de la baisse du sous-jacent, on comprend qu'il est aussi aisé de concevoir des *futures* sur un indice que de concevoir des *futures* sur une action.

En réalité, il est plus pratique pour un investisseur d'acheter un contrat *futures* sur un indice que d'acheter un contrat *futures* sur une action. Depuis l'introduction par le CME[8] du premier contrat *futures* sur l'indice *S&P 500* en 1982, le succès des *futures* sur indices ne s'est jamais démenti. Aujourd'hui encore, les contrats *futures* sur le *S&P 500* sont les contrats *futures* les plus échangés au monde. Cet engouement pour les contrats *futures* sur indices a pour conséquence l'augmentation des volumes et donc de la liquidité de ces contrats. Or, une liquidité importante est un avantage non négligeable sur les marchés dérivés. Le courtier peut proposer davantage d'échéances à traiter, augmentant ainsi le choix de contrats pour les opérateurs de marché. De plus, lorsqu'un contrat est suffisamment liquide, une fois en possession du contrat, on est sûr de pouvoir le revendre facilement. En cas de faible liquidité, on peut se retrouver « coincé » avec un contrat que l'on ne peut revendre rapidement faute d'acheteurs, ce qui peut s'avérer très onéreux. C'est notamment pour cette raison que les contrats *futures* sur indices sont plus prisés que les contrats *futures* sur actions.

Il existe des contrats *futures* pour l'essentiel des indices connus. Faisons un petit voyage autour du monde à la découverte des principaux indices *futures*.

Amérique du Nord

Le *Standard & Poor's 500 (S&P 500)* est composé de 500 valeurs. Ce grand nombre de titres a permis au *S&P 500*

---

[8] *CME : Chicago Mercantile Exchange*

de ravir au Dow Jones la place du meilleur indicateur de l'économie américaine. Le *Standard & Poor's* doit son nom à l'agence de notation *Standard & Poor's*, qui a conçu cet indice. Le *CME Group* propose des contrats *futures* sur le *S&P 500* qui valent 250 dollars par point d'indice. Pour permettre aux petits porteurs d'accéder plus facilement au marché des *futures*, le *CME Group* a introduit en 1997 le contrat *futures E-mini S&P 500*, qui vaut 50 dollars par point d'indice. Ce contrat mini est rapidement devenu le best-seller des contrats *futures* proposés par le *CME Group*.

Le *Dow Jones Industrial Average 30 (DJIA 30)* est composé de 30 valeurs. Le contrat *futures* sur le DJIA vaut 10 dollars par point d'indice. Il existe également le contrat *futures E-mini DJIA*, qui vaut 5 dollars par point d'indice.

Le *National Association of Securities Dealers Automated Quotations 100 (Nasdaq 100)* est également décliné en contrats *futures*, à raison de 100 dollars par point d'indice. La version mini, le *E-mini Nasdaq 100*, s'échange pour 20 dollars par point d'indice.

Le *Russell 1000* représente les 1000 plus importantes capitalisations boursières des États-Unis. Le *Russell Index Futures* permet d'échanger des contrats futures sur cet indice, à raison de 100 dollars le point d'indice.

Le *Standard & Poor's / Toronto Stock Exchange 60 (S&P/TSX 60)* représente les 60 plus importantes valeurs du *Toronto Stock Exchange*. Comme l'indique le *S&P* devant le nom de l'indice, le *S&P/TSX 60* a lui aussi été conçu par l'agence de notation *Standard and Poor's*. Les principaux contrats *futures* sont le *S&P/TSX 60 Index Standard Futures (SXF)* valant 200 dollars canadiens par point d'indice, et le

*S&P/TSX 60 Index Mini Futures (SXM)* qui s'échange pour 50 dollars canadiens par point d'indice.

<u>Europe</u>

Le *Deutscher AktienindeX 30 (DAX 30)* est constitué des 30 plus importantes capitalisations de la Bourse de Francfort. Le contrat *futures* associé à cet indice est le *DAX Futures (code FDAX)*. Il s'échange à 25 euros par point d'indice et est coté sur l'Eurex.

Le *Financial Times Stock Exchange 100 (FTSE 100)* regroupe les 100 titres les plus importants du *London Stock Exchange (LSE)*. Le contrat *futures* correspondant à cet indice est le *FTSE 100 Index Futures (code Z)*. Il est coté sur le NYSE-Euronext et s'échange à 10 livres sterling par point d'indice.

Le *CAC 40* comprend les 40 plus importantes capitalisations boursières de la place parisienne. Le *CAC 40* (cotation assistée en continu) doit son nom à son système de cotation, automatisé dès sa création en 1987. Il faut dire qu'à cette époque, plusieurs Bourses importantes fonctionnaient encore à la criée. Le principal contrat *futures* proposé par le NYSE Euronext est le *CAC 40 Index Future (code FCE)*. Il vaut 10 euros par point d'indice.

L'*Euro Stoxx 50* est constitué des 50 plus importantes capitalisations de la zone euro, ce qui exclue notamment les entreprises britanniques. L'Eurex propose *Euro Stoxx 50 Index Futures (code FESX)*. Il vaut 10 euros par point d'indice.

Le *Stoxx 50* est un indice comprenant les 50 plus importantes capitalisations boursières d'Europe. Le contrat *futures* associé à cet indice est le *Stoxx Europe 50 Index Futures (code FSTX)*, également proposé par l'Eurex.

<u>Asie-Pacifique</u>

Le *Nikkei 225* est le principal indice boursier japonais. Il doit son nom à l'entreprise éponyme, qui est également le plus grand groupe de médias au Japon. Cet indice regroupe les 225 plus importantes capitalisations du *Tokyo Stock Exchange (TSE)*. Le principal contrat *futures* proposé par le *CME Group* est le *Nikkei 225 Futures (code YEN)*. Il vaut 500 yens par point d'indice.

Le *Hang Seng Index (HSI)* est composé des 48 plus importantes capitalisations de la Bourse de Hong Kong. Le *Hong Kong Exchange (HKEx)* propose le contrat *Hang Seng Index Futures (HSI)*. Il vaut 50 dollars de Hong Kong par point d'indice.

Le *China Securities Index 300 (CSI 300)* est représentatif des 300 plus importantes capitalisations des Bourses de Shanghai et de Shenzhen. Le contrat *futures* équivalant à cet indice est le *CSI 300 Index Futures (code IF)* proposé par le *China Financial Futures Exchange (CFFEX)*. Il vaut 300 yuans par point d'indice.

Le *Standard & Poor's / Australian Securities Exchange 200 (S&P/ASX 200)* est composé de 200 titres cotés sur l'*Australian Securities Exchange*. Cet indice a également été initié par l'agence de notation *Standard & Poor's*. Le principal contrat *futures* de cet indice est l'*ASX SPI 200 index futures (code AP)* proposé par le l'*ASX Group*. Ce contrat vaut 25 dollars australiens par point d'indice.

L'*Índice Bovespa* est un indice regroupant les 50 plus importantes capitalisations de la Bourse de São Paulo, plus connue sous le nom *Bovespa (BOlsa de Valores do Estado de São PAulo)*. Le contrat *futures* principal est le *Ibovespa Futures Contract* proposé par la *Bolsa de Mercadorias & Futuros (BM&F)*.

L'*Índice de Precios y Cotizaciones (IPC)* est un indice composé de 35 titres représentatifs de la Bourse du Mexique, qui se nomme en espagnol la *Bolsa Mexicana de Valores (BMV)*. Le contrat *futures* associé à cet indice est l'*IPC Futures*, proposé par le *BMV Group*. Il vaut 10 dollars mexicains par point d'indice.

# *Pricing* d'un contrat *futures* sur indices

Évaluer le prix d'un contrat *futures* sur indices consiste à ajuster le prix du sous-jacent par rapport à l'intervalle de temps et au taux d'intérêt sans risque. Plus concrètement, on peut utiliser la formule des intérêts composés présentée au premier chapitre : $S . (1 + r)^T$ avec $r$ le taux d'intérêt, $T$ le nombre d'années et $S$ le prix au comptant du sous-jacent. Cependant, la formule la plus exacte est celle des intérêts continus. C'est celle que nous utiliserons par la suite. Dans ce cas, elle s'énonce de la manière suivante :

$$F = S\, e^{rT}$$

$F$ : *futures*, le prix du *futures*
$S$ : *spot*, le prix au comptant du sous-jacent
 $r$ : *rate*, le taux d'intérêt sans risque
$T$ : *time*, la durée annuelle du contrat
$e^x$ : fonction exponentielle (quand $x = 1$, $e$ vaut env. 2,7183)

Analysons un cas réel pour mieux comprendre cette formule. Reprenons notre exemple du CAC 40 à 4 000 points ($S$). Nous souhaitons acheter un contrat *futures* 6 mois ($T$) avec un taux sans risque de 4 % ($r$). Le prix du contrat *futures* se calcule de la manière suivante :

$$F = 4\,000 * e^{\,0,04\,*\,0,5}$$

$$F = 4\,080,8$$

Cette formule est exacte, mais elle est, à certains égards, incomplète. En effet, certaines sociétés cotées distribuent des dividendes à leurs actionnaires. Or, si l'on considère un indice comme un panier d'actions, alors il peut être opportun d'y intégrer la possibilité de la distribution des dividendes. Dans ce cas, si l'on considère $d$ comme le taux de dividende, notre formule devient alors :

$$F = S\, e^{(r-d)T}$$

Si nous reprenons l'exemple ci-dessus, avec $d = 0,01$, nous obtenons l'évaluation suivante :

$$F = 4\,000 * e^{\,(0,04 - 0,01)\,*\,0,5}$$

$$F = 4\,060,5$$

# EXERCICES

## Exercice 5.1.

Citez trois indices boursiers principaux de pays européens, ainsi que trois indices boursiers principaux américains.

## Exercice 5.2.

Supposons que l'indice allemand, le DAX 30, se situe à 10 000 points. Déterminez le prix d'un contrat *futures* 6 mois avec un taux d'intérêt à 3 % (les dividendes ne sont pas pris en compte dans cet exercice).

## Exercice 5.3.

Un contrat *futures* 6 mois S&P 500 cote 2 000 points. Déduisez le cours au comptant du S&P 500, sachant que le taux d'intérêt est de 2 % (les dividendes ne sont pas pris en compte dans cet exercice).

## Exercice 5.4.

L'indice japonais Nikkei 225 se situe actuellement à 18 000 points. Déterminez le prix d'un contrat *futures* 3 mois, sachant que le taux d'intérêt est de 3 % et le taux de dividende de 1 %.

# Chapitre VI
# *FUTURES* DE TAUX D'INTÉRÊT

- *Futures* de taux aux États-Unis
- Autres *futures* de taux en dollars
- Exercices

Les *futures* de taux d'intérêt sont des contrats *futures* pour lesquels les prêteurs et les emprunteurs s'engagent à payer un taux d'intérêt auquel ils prêteront, ou emprunteront, un montant donné, à une date future. Parmi les marchés de produits dérivés, le plus important en termes d'encours total de transactions est celui des taux d'intérêt. Il en va de même pour le marché des *futures*. En effet, les *futures* de taux d'intérêt sont, de loin, les *futures* les plus importants en termes d'encours de transactions, comme le montre le graphe ci-dessous.

**Encours du marché des futures**

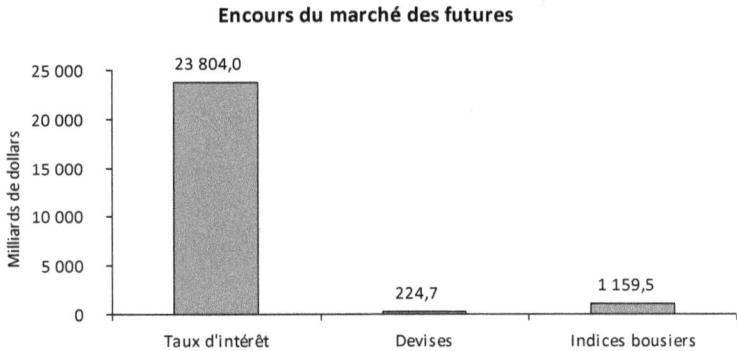

Source : http://www.bis.org/statistics/extderiv.htm, *juin 2013*

Dans chaque pays développé, il y a des *futures* de taux bien particuliers. Nous allons nous intéresser aux États-Unis, qui ont initié ce marché.

# *Futures* de taux aux États-Unis

Le marché de la dette est généralement subdivisé en trois grandes parties en fonction de l'échéance des différents produits. Les trois grands types de produits sont : les *futures* de taux courts, les *futures* de taux intermédiaires et les *futures* de taux longs.

## *Futures* de taux courts

Les taux courts sont des créances d'une maturité d'un an au maximum. Les principaux produits appartenant à cette catégorie sont les *Treasury Bill Futures*. Il s'agit de contrats *futures* sur les *Treasury Bill*, ou *T-Bill*, qui sont eux-mêmes des obligations à court terme émises par le gouvernement américain.

### *Treasury Bill*

L'émetteur des *treasury bill* aux États-Unis est le *United States Department of the Treasury* (Département du Trésor des États-Unis). Les *treasury bill* sont cotés en fonction des taux d'intérêt qu'ils rapportent dans une échéance de temps. On dénombre quatre échéances principales en semaines (4, 13, 26 et 52), qui correspondent respectivement à un mois, un trimestre, un semestre et un an, comme l'illustre le tableau ci-dessous issu du Département du Trésor américain.

| | 4 SEMAINES | 13 SEMAINES | 26 SEMAINES | 52 SEMAINES |
|---|---|---|---|---|
| DATE | TAUX | TAUX | TAUX | TAUX |
| 01/11/2013 | 0,03 | 0,04 | 0,08 | 0,09 |
| 04/11/2013 | 0,02 | 0,05 | 0,09 | 0,09 |
| 05/11/2013 | 0,06 | 0,05 | 0,08 | 0,09 |
| 06/11/2013 | 0,05 | 0,05 | 0,09 | 0,1 |
| 07/11/2013 | 0,04 | 0,05 | 0,09 | 0,1 |
| 08/11/2013 | 0,04 | 0,06 | 0,09 | 0,11 |
| 12/11/2013 | 0,05 | 0,08 | 0,1 | 0,12 |
| 13/11/2013 | 0,06 | 0,08 | 0,1 | 0,13 |
| 14/11/2013 | 0,06 | 0,08 | 0,1 | 0,13 |
| 15/11/2013 | 0,06 | 0,08 | 0,1 | 0,13 |
| 18/11/2013 | 0,04 | 0,09 | 0,1 | 0,13 |
| 19/11/2013 | 0,05 | 0,08 | 0,1 | 0,14 |
| 20/11/2013 | 0,06 | 0,08 | 0,11 | 0,12 |
| 21/11/2013 | 0,02 | 0,07 | 0,1 | 0,12 |
| 22/11/2013 | 0,02 | 0,07 | 0,1 | 0,12 |

Source : www.treasury.gov/resource-center/data-chart-center/interest-rates/Pages/TextView.aspx?data=billrates (22/11/2013)

### Pricing d'un Treasury Bill

Évaluer un *Treasury Bill* (*T-Bill*) est très simple. Un *T-Bill* est en fait une sorte d'obligation. Comme pour toutes les obligations, le principe est de prêter de l'argent à une entité (ici le gouvernement américain), avec obligation, pour cette entité, de rembourser la somme prêtée, ainsi que les intérêts, à échéance. Pour des raisons de simplification, le Trésor américain a décidé de standardiser le montant de remboursement des *T-Bills*. Ce remboursement correspond à ce que l'on appelle la **valeur faciale**. Si l'on fixe la valeur faciale à un dollar, déduire la valeur du *T-Bill* revient à multiplier le taux d'intérêt par le nombre de jours de validité du contrat, divisé par 360 jours, puis de déduire de notre valeur faciale le montant précédemment obtenu. Pour illustrer cela, essayons d'évaluer le prix de l'obligation du 1er novembre 2013, situé sur la première ligne du tableau ci-dessus. Nous avons la valeur faciale (1 $), le taux d'intérêt (0,03) et le nombre de jours (un mois ou 30 jours[9]). Par conséquent, le prix de notre obligation est de :

$$1 - 0,03*(30 / 360) = 0,9975$$

Cela représente un rendement de 0,0025 (1-0,9975), ou 0,25 % en un mois, ce qui correspond à un taux annuel de 3,04 % $[(1 + 0,0025)^{12} - 1]$. Cela confirme que tous les taux d'intérêt présents dans le tableau ci-dessus sont des taux d'intérêt annuels. D'où l'intérêt de diviser le nombre de jours du contrat par 360 dans notre formule pour déduire du taux d'intérêt annuel le taux d'intérêt de l'intervalle de temps qui nous intéresse. Si tous les taux d'intérêt sont annuels, on peut s'interroger sur la pertinence de proposer différents taux d'intérêt pour différentes échéances. Par exemple, si nous

---

[9] Pour simplifier les calculs, on considère des mois de 30 jours et des années de 360 jours.

reprenons la première ligne de notre tableau, nous avons, pour le 1er novembre 2013, quatre taux différents pour quatre échéances différentes. Elles sont résumées dans le tableau ci-dessous.

|  | Taux d'intérêt |
|---|---|
| 4 semaines | 0,03 |
| 13 semaines | 0,04 |
| 26 semaines | 0,08 |
| 52 semaines | 0,09 |

Ce tableau (comme le précédent) matérialise ce qui est généralement appelé la **courbe des taux** (*yield curve*).

Si plusieurs taux annuels sont proposés pour des échéances différentes, c'est pour une raison simple : plus l'échéance de l'obligation est longue, plus le risque pour l'investisseur est important. D'où l'intérêt de proposer aux investisseurs une rémunération plus attractive pour les échéances les plus longues. À noter que les variations de la courbe des taux sont très observées par les investisseurs, car cette courbe est considérée comme un indicateur avancé de l'évolution de l'économie. Vous l'aurez compris, les *Treasury Bill* sont des produits très importants pour les marchés financiers. C'est donc tout logiquement que des contrats *futures* ont été développés pour ce marché.

### Treasury Bill Futures

Les *Treasury Bill Futures* sont les produits *futures* sur taux d'intérêt les plus négociés. Le *CME Group* propose des *Treasury Bill Futures,* notamment le *13-Week U.S. Treasury Bill Futures*. Ce produit a une échéance de trois mois et une valeur faciale de 1 000 000 de dollars. La valeur de cotation est de cent réduits du taux d'intérêt de l'échéance considérée.

Exemple : pour un taux de 6 %, l'obligation sera cotée 94. Calculons le prix de cette obligation.

### Pricing des Treasury Bill Futures

L'évaluation des *Treasury Bill Futures* est similaire à celle des *Treasury Bill*. En effet, le prix d'un *13-Week U.S. Treasury Bill Futures* coté 94 se calcule de la manière suivante :

**1 000 000 * (1 – 0,06 * (90 / 360)) = 985 000 dollars**

Le système de cotation sur le marché des *Treasury Bill Futures* est si simple que les traders arrivent à déterminer la variation de leur portefeuille de tête. Le prix des obligations est inversement proportionnel au taux d'intérêt. Autrement dit, quand les taux d'intérêt augmentent, le prix des obligations baisse. Et *vice versa*. Observons ce qui se passe quand le prix d'une obligation augmente d'un point de base[10], soit de 0,01 %.

**1 000 000 * (1 – 0,0601 * (90 / 360)) = 984 975 dollars**

Le prix de l'obligation a donc baissé après l'augmentation du taux d'intérêt, et ceci est conforme à nos prévisions. Si nous calculons la valeur exacte de cette baisse, on tombe sur un montant de 25 dollars, soit 985 000 - 984 975. Pour résumer, on peut dire qu'**une variation des taux d'intérêt d'un point de base correspond à une variation inverse de 25 dollars par contrat de *13-Week U.S. Treasury Bill Futures***. De cette manière, si un trader a un portefeuille de 10 millions de dollars de *13-Week U.S. Treasury Bill Futures* et que les taux d'intérêt passent de 6,66 % à 6,64 %, le trader déduira facilement qu'il s'est enrichi de 500 dollars, soit 25 dollars multipliés par 2 (points de base), le

---

[10] Un point de base est égal à 0,0001, soit un pourcent d'un pourcent.

tout multiplié par 10 (contrats de 1 million de dollars l'unité). À noter que la plus petite variation possible pour ce type de contrat est de 0,005 %, soit la moitié d'un point de base, ce qui correspond à une variation de 12,5 dollars du prix d'un contrat.

## Futures de taux intermédiaires

Parmi les produits de taux émis par le Département du Trésor américain, les obligations les plus populaires sont les *Treasury Notes*. Les *T-Notes* sont des obligations dont la maturité se situe entre 2 et 10 ans. Des contrats *futures* ont été développés pour ce marché. Analysons-les plus en détail.

### Treasury Notes Futures

Le *Chicago Mercantile Exchange Group* propose des *Treasury Notes Futures*, et notamment les contrats *2-Year U.S. Treasury Note Futures*. Ces contrats ont une valeur faciale de 200 000 dollars à l'échéance. Ils offrent un versement semestriel de coupons à taux fixe. La valeur faciale, ou valeur au pair, peut également être exprimée sur la base de 100 points par contrat. Dans ce cas, un point vaut 2 000 dollars par contrat. La variation minimale équivaut à ¼ de 1/32 de 2 000 dollars, soit 15,625 dollars par contrat.

## Futures de taux longs

Dans la troisième catégorie d'obligations, on retrouve les *Treasury Bond*. Leur taux est dit long, car les *T-Bond* ont une maturité d'au moins dix ans. Penchons-nous sur les contrats *futures* conçus pour ces obligations.

### Treasury Bond Futures

Les *U.S. Treasury Bond Futures* proposés par le *CME Group* ont une valeur faciale de 100 000 dollars par contrat à l'échéance. Ils offrent un versement semestriel de coupons à taux fixe.

Pour une valeur au pair de 100 points par contrat, un point vaut 1 000 dollars. La variation minimale est de 1/32 d'un point, soit 31,25 dollars par contrat. Ces contrats peuvent être qualifiés de **callable**, cela signifie qu'ils peuvent être remboursés par anticipation.

# Autres *futures* de taux en dollars

Pour des taux courts, les investisseurs ont une alternative aux *T-bills* : il s'agit des **eurodollars**. Comme il a été mentionné dans la partie *forwards*, les eurodollars sont des devises en dollars déposées dans des établissements financiers hors du territoire américain. Le terme « eurodollar » désigne, à l'origine, les dollars présents dans les banques européennes. Par extension, les eurodollars désignent aujourd'hui les dollars présents dans le reste du monde hors des États-Unis.

### Futures sur eurodollar

Les contrats *futures* sur eurodollar ont été initiés en 1981 par le *Chicago Mercantile Exchange* et sont immédiatement devenus très populaires. Les *futures* sur eurodollar sont très proches des *futures* sur les *T-bills* dont nous avons parlé précédemment. Il y a cependant des différences fondamentales entre les deux contrats, notamment les taux pratiqués. En effet, si les taux des *T-bills* sont déterminés par le Trésor américain, les taux des eurodollars sont des taux **LIBOR** (*London Interbank Offered Rate*) déterminés par le NYSE Euronext (avant le scandale dit du LIBOR, c'était la *British Bankers' Association* [BBA] qui réalisait cette tâche). Ces taux LIBOR permettent de déterminer la cote d'un contrat *futures* sur eurodollar, mais ils permettent surtout d'évaluer le prix d'un contrat *futures* sur eurodollar.

### Pricing des *futures* sur eurodollar

Le produit le plus échangé parmi les contrats *futures* sur eurodollar est le contrat *Three-Month Eurodollar Futures* proposé par le CME[11] à Chicago. À noter que des contrats équivalents sont également proposés par le LIFFE[12] à Londres et par le SGX[13] à Singapour.

Les contrats *Three-Month Eurodollar Futures* ont une échéance de trois mois et une valeur faciale de 1 000 000 de dollars. La valeur de cotation est de 100 moins le taux LIBOR trois mois. Pour un taux de 5 %, le contrat *Three-Month Eurodollar Futures* sera coté 95. Pour déterminer le prix du contrat, il suffit d'effectuer le calcul suivant :

**1 000 000 * (1 − 0,05 * (90 / 360)) = 987 500 dollars**

Pour le reste, ce contrat ressemble comme un frère au *13-Week U.S. Treasury Bill Futures* : même variation du prix de 25 dollars pour une variation des taux d'intérêt d'un point de base (+/- 0,01 %) et même variation minimale du prix du contrat de 12,5 dollars pour une variation des taux d'intérêt d'un demi-point de base.

Dans le chapitre suivant, nous allons nous intéresser à une autre famille de sous-jacents des contrats *futures* : les devises.

---

[11] CME : *Chicago Mercantile Exchange*
[12] LIFFE : *London International Financial Futures and options Exchange*
[13] SGX : *Singapore Exchange*

# EXERCICES

## Exercice 6.1.
Dans le contexte du marché des *futures* de taux d'intérêt américains, citez un exemple de produits *futures* pour chacune des échéances suivantes : taux courts, taux intermédiaires et taux longs.

## Exercice 6.2.
Pour une obligation *13*-Week *Treasury Bill* qui cote 97, déduisez mentalement le taux d'intérêt pratiqué (exprimé en pourcentage et en points de base).

## Exercice 6.3.
Déterminez le prix du contrat *futures* correspondant à l'obligation décrite dans l'exercice 6.2. avec un pair à un million de dollars et une durée de 90 jours.

## Exercice 6.4.
À partir du prix obtenu dans l'exercice 6.3., déduisez mentalement le nouveau prix du *Treasury Bill futures* si le taux d'intérêt baisse d'un point de base (soit une baisse de 0,0001).

# Chapitre VII
# *FUTURES* SUR DEVISES

- **Définition**
- **Caractéristiques d'un contrat *futures* sur devises**
- ***Pricing* d'un contrat *futures* sur devises**
- **Exercices**

L'abaissement des barrières douanières, la diminution des coûts de transport et le développement à grande échelle des technologies de l'information et de la communication ont favorisé un développement rapide du commerce international durant les dernières décennies. Cette croissance rapide du commerce international a eu un impact sur le marché des devises, qui a également connu une croissance soutenue pendant la même période.

Malgré l'importance du marché des devises, aucun marché de produits dérivés n'avait été développé pour ce type de sous-jacent. Mais, au début des années 1970, les choses allaient changer. L'abandon du système de change fixe incita les Bourses à proposer aux investisseurs des contrats *futures* sur devises. Ainsi, les *futures* sur devises sont connus pour être les premiers produits dérivés financiers, par opposition aux produits dérivés agricoles, qui existaient bien avant les années 1970. Le *Chicago Mercantile Exchange*, déjà leader sur le marché des produits dérivés agricoles, se lancera avec succès sur ce nouveau marché très prometteur. Cela permettra aussi de préparer le terrain pour d'autres produits dérivés financiers, notamment les *futures* sur taux d'intérêt et les *futures* sur indices boursiers. Le succès des *futures* sur devises est cependant relatif, car le marché des *forwards* sur devises, adopté par le marché interbancaire, lui fera durablement de l'ombre.

Aujourd'hui, le marché des *futures* sur devises est de nouveau plébiscité. En effet, les marchés *Over The Counter (OTC)*, comme le marché des *forwards*, ont été incriminés pendant la crise des *subprimes* (2007) et la crise de la dette des États souverains (2011). Par conséquent, les *futures* (pendant des *forwards* sur les marchés organisés) sont de plus en plus recommandés, notamment pour des raisons de transparence.

# Définition

Un contrat *futures* sur devise est un engagement ferme à acheter ou à vendre une quantité déterminée de devises à un taux de change spécifique et à une date donnée. Ces contrats ont la particularité de s'échanger uniquement sur des marchés organisés, à l'instar des autres contrats *futures* que nous avons évoqués précédemment. Les *futures* sur devises sont généralement utilisés pour deux raisons : la couverture et la spéculation. La couverture (*hedging*) peut être utile à une entreprise qui voudrait se protéger, pendant une période donnée, des variations du marché des devises. La spéculation (*trading*) consiste ici à anticiper l'évolution du marché des devises pour essayer d'en tirer profit en achetant ou en vendant un ou plusieurs contrats à terme ayant pour sous-jacent des devises.

Les devises les plus traitées sont le dollar (USD), l'euro (EUR), le yen (JPY), la livre sterling (GBP), le dollar australien (AUD), le franc suisse (CHF) et le dollar canadien (CAD), comme l'illustre le graphe suivant.

**Pourcentage d'encours des devises**

*Référence : http://www.bis.org/publ/rpfx13fx.pdf*

Les paires de devises les plus traitées contre le dollar sont : USD/EUR, USD/JPY, USD/GBP, USD/AUD, USD/CAD et USD/CHF, comme le montre le graphique ci-dessous.

**Pourcentage d'encours des paires de devises**

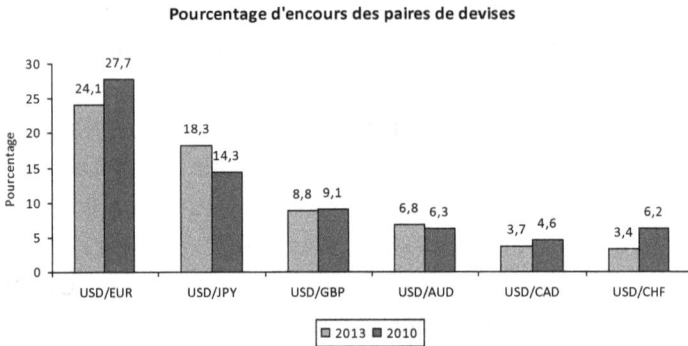

*Référence :* http://www.bis.org/publ/rpfx13fx.pdf

# Caractéristiques d'un contrat *futures* sur devises

Nous allons à présent analyser plus en détail des contrats *futures* sur devises, et notamment trois d'entre eux, l'*EUR/USD Futures,* le *JPY/USD Futures* et le *GBP/USD Futures,* proposés par le *Chicago Mercantile Exchange.*

### EUR/USD Futures

Il s'agit du contrat *futures* le plus populaire. Il vaut 125 000 euros, mais, comme pour tous les contrats *futures*, un dépôt de garantie oscillant entre 2 000 euros et 5 000 euros par contrat, en fonction des courtiers, sera suffisant pour opérer sur ce type de *futures*. Une variation d'un point de base, soit 0,0001 dollar par euro, correspond à une variation de 12,5 dollars par contrat. La plus petite variation autorisée est 0,00005 dollar par euro, soit une variation de 6,5 dollars par contrat.

## JPY/USD Futures

Également très populaire, le *JPY/USD Futures* s'échange pour 12 500 000 yens par contrat. Une variation d'un dixième de point de base, soit 0,00001 dollar par yen, équivaut à une variation de 12,5 dollars par contrat. La variation minimale autorisée est la moitié d'un dixième de point de base, soit 0,0000005 dollar par yen, l'équivalent d'une variation de 12,5 dollars par contrat.

## GBP/USD Futures

Les *futures* sur le « *cable* » sont également très populaires. Le « *cable* » désigne la paire de devises *GBP/USD*, car, à l'origine, la cotation de cette paire de devises était assurée par le biais d'un câble transatlantique entre Londres et New York. Le *GBP/USD Futures* vaut 62 500 livres sterling par contrat. La variation minimale autorisée correspond à une variation d'un point de base ou une variation de 0,0001 dollar par livre sterling, soit une variation de 6,25 dollars par contrat.

# *Pricing* d'un contrat *futures* sur devises

L'évaluation des contrats *futures* sur devises est assez simple. Elle est d'autant plus simple si l'on comprend bien le rôle de chaque paramètre de l'équation. Pour évaluer un contrat *futures (F)* sur devises, nous avons besoin de quatre paramètres : le taux de change au comptant, le taux d'intérêt domestique, le taux d'intérêt étranger et la durée du contrat.

### Le taux de change au comptant

Le taux de change au comptant (*Spot* en anglais) de la devise en question est le taux auquel est cotée la devise que nous souhaitons évaluer. Prenons par exemple un taux **S** de 1,30 pour la paire EUR/USD. Pour mieux comprendre ce taux, mettons-le en équation. En effet, ce taux obéit à l'équation : $\frac{1.30}{1.00} = \frac{EUR}{USD}$ ce qui est équivalent à l'équation 1 * EUR = 1,30 * USD.

Autrement dit, pour 1 euro, nous pouvons obtenir 1,30 dollar américain. Comme on le sait, ces deux devises, l'euro ou son équivalent en dollar, peuvent être placées à un taux sans risque, notamment en achetant des obligations d'État. Par conséquent, nous avons également besoin de ces taux d'intérêt dans notre équation.

### Le taux d'intérêt domestique

Il s'agit du taux d'intérêt **r** (pour *rate*) en vigueur dans le pays où se passe la transaction. Ici, le taux d'intérêt retenu sera par exemple celui de la France.

### Le taux d'intérêt étranger

C'est le taux d'intérêt $r_f$ (pour *foreign rate*) du pays de la devise étrangère, ici les États-Unis.

### La durée du contrat

Il s'agit du temps **T** en année(s) séparant la date de signature du contrat et la date d'échéance du contrat. Avec tous ces éléments, nous n'avons plus qu'à déterminer le prix du *futures* de la paire de devises voulue par le biais de l'équation suivante :

$$F = S\, e^{(r-rf)T}$$

Prenons un exemple pour mieux apprivoiser cette formule. Supposons que nous devions déterminer le prix *futures* de la paire de devises EUR/USD ayant un taux de change au comptant **S** de 1,30 ; le taux d'intérêt sans risque en France **r** étant de 0,02 et le taux d'intérêt aux États-Unis $r_f$ de 0,04 pour une durée **T** du contrat de six mois. Le prix du contrat *futures* serait calculé de la manière suivante :

$$F = 1,30 * e^{(0,02-0,04)*0,5}$$
$$F = 1,287$$

Jusqu'ici, nous avons étudié tour à tour les *futures* sur indices boursiers, les *futures* sur taux d'intérêt et les *futures* sur devises. Nous allons terminer ce tour d'horizon par une quatrième catégorie de *futures*. Malgré leur importance relativement marginale par rapport aux trois familles précédemment citées, les *futures* sur matières premières méritent amplement que l'on s'y attarde, au moins pour le rôle de pionnier que ce type de contrat a joué dans l'histoire des *futures*.

# EXERCICES

## Exercice 7.1.

Citez les quatre devises les plus utilisées au monde, ainsi que les trois paires de devises les plus traitées.

## Exercice 7.2.

Nous devons calculer le prix *futures* de la paire de devises EUR/USD. Sachant que le taux de change au comptant $S$ est de 1,20, que le taux d'intérêt sans risque $r$ est de 0,02 en France, que le taux d'intérêt $r_f$ est de 0,03 aux États-Unis et la durée $T$ du contrat de six mois, quel est le prix du contrat *futures* ?

## Exercice 7.3.

Un contrat *futures* six mois de la paire de devises EUR/USD cote 1,10. En prenant les mêmes taux d'intérêt que dans l'exercice précédent, quel est le taux au comptant de la paire de devises EUR/USD ?

# Chapitre VIII
# *FUTURES* SUR MATIÈRES PREMIÈRES

- **Définition**
- **Les contrats *futures* sur matières premières**
- ***Pricing* des *futures* sur matières premières**
- **Exercices**

Les matières premières sont des matériaux extraits de la nature ou produits par cette dernière. Ces matériaux font généralement l'objet d'une transformation et d'une utilisation économique. Une longue liste de matériaux correspond cependant à cette description. Pour les analyser de façon pertinente, il est par conséquent plus judicieux de les regrouper. On peut diviser les matières premières en deux grandes familles : les renouvelables (matières premières végétales et animales) et les non renouvelables (matières énergétiques, matières métalliques et matières minérales).

L'augmentation de la population mondiale et l'industrialisation rapide de la société sont autant de raisons qui expliquent l'importance croissante des matières premières, notamment depuis la fin du XVIIᵉ siècle. C'est justement à cette époque qu'ont été introduits les *futures* sur les matières premières, d'abord au Japon, puis aux États-Unis. Durant plus de deux siècles, les matières premières resteront les uniques sous-jacents des contrats *futures,* jusqu'à l'apparition, au début des années 1970, de *futures* ayant pour sous-jacent des produits financiers. Afin d'être bien en phase, entendons-nous sur ce que nous désignons par contrat *futures* sur matières premières.

## Définition

Un contrat *futures* sur matières premières est un engagement ferme à acheter ou à vendre une quantité déterminée de matières premières à un prix spécifique et à une date donnée. Ces contrats ont été mis en place, à l'origine, pour permettre aux agriculteurs de se protéger (*to hedge*) contre les variations de prix des produits agricoles. Très vite cependant, une deuxième catégorie d'intervenants va faire son apparition. Ces derniers essayent de retirer un profit entre le cours d'achat et le cours de vente du sous-jacent : ce sont les spéculateurs (*traders*).

# Les contrats *futures* sur matières premières

Les contrats *futures* sur matières premières sont proposés par le *CME Group* au sein de trois grandes familles : les matières premières agricoles, les métaux et les sources d'énergie.

## Contrats *futures* sur matières premières agricoles

Dans la catégorie des matières premières agricoles, on trouve divers produits issus de l'agriculture (le maïs, le soja, le blé, etc.), mais aussi des produits issus de l'élevage (bétail vivant d'origine bovine ou porcine, etc.). Analysons plus en détail un contrat *futures* sur le maïs.

### Le contrat *Corn Futures*

Le maïs est négocié par boisseaux. D'après les standards du marché américain, un boisseau de maïs correspond à 25,4 kilogrammes de maïs. C'est à Chicago que le cours mondial du maïs est fixé, et plus précisément au sein du *CBOT (Chicago Board of Trade)*, une branche du *CME Group*. Les contrats *Corn Futures* s'échangent par lots de 5 000 boisseaux, soit l'équivalent de 127 tonnes de maïs.

## Contrats *futures* sur matières premières métalliques

Les matières premières métalliques sont généralement réparties en deux catégories, à savoir les métaux précieux (l'or, l'argent, le platine et le palladium, etc.) et les métaux industriels (le cuivre, l'aluminium, le zinc, l'étain, le fer, l'acier, etc.). Penchons-nous sur le contrat le plus négocié de cette catégorie, à savoir le contrat *futures* sur l'or.

### Le contrat *Gold Futures*

L'unité de mesure de l'or est l'once *troy*. L'once *troy* vaut 31,1034768 grammes. Elle est généralement utilisée comme unité de mesure des métaux précieux (argent, platine et palladium). Cette unité de mesure nous vient de la ville de Troyes, où elle était utilisée au Moyen Âge. Un contrat *Gold Futures* s'échange pour 100 onces *troy* d'or sur la Bourse du *COMEX (New York Commodities Exchange)*.

## Contrats *futures* sur matières premières énergétiques

Les matières premières énergétiques donnant lieu à des contrats *futures* ont une composition très hétéroclite. Cela va du pétrole brut au gaz naturel, en passant par les produits raffinés (essence, huile de chauffage, diesel, kérosène, etc.), les biocarburants (éthanol, biodiesel, etc.), le charbon, l'électricité, les produits pétrochimiques (propane, butane, éthylène), mais aussi le fret maritime ou les émissions de gaz à effet serre. Les contrats les plus négociés de cette catégorie sont naturellement les contrats *futures* sur le pétrole.

### Le contrat *Light Sweet Crude Oil Futures*

L'unité de mesure utilisée aux États-Unis pour le pétrole brut et ses dérivés est le baril. Un baril correspond à 158,9873 litres. Les contrats *Light Sweet Crude Oil Futures* s'échangent par lots de 1 000 barils par contrat sur la Bourse du *NYMEX (New York Mercantile Exchange)*, une branche du *CME Group*.

### *Light Sweet Crude Oil*, quesaco ?

D'abord, il s'agit de pétrole brut (*Crude Oil*), c'est-à-dire un pétrole n'ayant subi aucune transformation. Les pétroles bruts sont cependant de qualités inégales en fonction de leur lieu d'extraction. Pour les distinguer, l'industrie pétrolière utilise deux critères principaux : la densité et la teneur en soufre. Les pétroles bruts les plus légers en termes de densité (*Light*) et ceux ayant la plus faible teneur en soufre (*Sweet*) sont généralement les plus demandés. En effet, ce type de pétrole brut nécessite moins d'efforts de transformation pour atteindre la qualité requise pour des produits de consommation comme l'essence. Il y a, pour chaque zone géographique, une référence de *Light Sweet Crude Oil*. Il s'agit pour le continent américain du **West Texas Intermediate (WTI)**. En Europe, c'est le **Brent,** dont le nom est issu d'un gisement pétrolier situé en mer du Nord, au large de l'Écosse. Citons enfin l'**Arabian Light**, le brut de référence au Moyen-Orient. Ce dernier est cependant considéré comme moins léger que les deux précédents.

Les *futures* sur matières premières énergétiques ont pris une place de plus en plus importante dans les salles de marché, à mesure que les matières premières énergétiques devenaient incontournables dans l'économie mondiale. Hélas, cela s'est accompagné de quelques dérives, dont l'histoire ci-dessous en est l'illustration.

## Le roi des *futures* sur le gaz naturel...

### Le royaume

Créé en 2000, Amaranth Advisors est un fonds d'investissement basé dans le Connecticut aux États-Unis. Le fonds oriente initialement sa stratégie vers l'arbitrage d'obligations convertibles en action. Voyant les opportunités diminuer sur ce marché, Amaranth décide, à partir de 2004, de se réorienter vers les *futures* sur le gaz naturel. L'entreprise décide de constituer une équipe dédiée aux dérivés énergétiques et plusieurs traders sont embauchés à cet effet. C'est ainsi qu'un certain Brian Hunter rejoint le fonds.

### L'éclosion d'un prince

Notre futur roi du gaz naturel voit le jour en 1974. Le jeune Brian grandit dans son Canada natal, puis il intègre l'Université d'Alberta, d'où il sort diplômé d'un master en mathématiques. Il commence alors sa carrière chez TransCanada, une entreprise basée à Calgary, et spécialisée dans l'exploitation du gaz naturel et la production d'énergie. À la suite de cette expérience, la carrière de Brian Hunter prend un tournant décisif quand il décroche un poste dans le temple de la finance mondiale.

### L'ascension fulgurante

En 2001, Brian Hunter est embauché comme trader à la Deutsche Bank à Wall Street. Les résultats ne vont pas se faire attendre, car, durant ses deux premières années, il fait gagner à sa banque un montant cumulé de 69 millions de dollars. En récompense, le trader est gratifié de généreux bonus et d'une promotion éclair. En effet, dès 2003, il est promu chef de l'équipe de *trading* dédiée au gaz naturel.

### La première chute

Fort de ce nouveau statut et d'une liberté d'action accrue, le trader commence l'année 2003 en trombe, puisqu'il fait gagner 40 millions de dollars à sa banque pendant les premiers mois de l'année. Mais la Deutsche Bank ne retiendra que les 400 millions de dollars perdus par le trader en un week-end sur un pari risqué. Cependant, aussi étrange que cela puisse paraître, quand le trader ne reçut pas son bonus à la fin de l'année, il attaqua son employeur en justice au motif qu'il méritait de recevoir sa part variable sur les 40 millions de dollars qu'il avait fait gagner à la banque. Quant à la perte de 400 millions de dollars, il l'imputa à un dysfonctionnement de la plate-forme de *trading* de la banque. Le trader et sa banque décidèrent finalement de mettre un terme à leur relation.

### Le retour aux affaires du roi du gaz...

En 2004, Brian Hunter a tout juste trente ans quand son profil attire l'attention des dirigeants du *hedge fund* Amaranth Advisors. Ces derniers n'ignorent rien des performances en dents de scie de Hunter, mais décident néanmoins de laisser sa chance au trader. Ils s'en féliciteront dans un premier temps. En effet, surfant sur l'instabilité générée par l'ouragan Katrina, le trader permet au fonds d'engranger un milliard de dollars en 2005. Du coup, Brian Hunter devient une véritable vedette à Wall Street. Une société concurrente du nom de SAC Capital Partners lui propose même un pont d'or pour le débaucher. Les dirigeants d'Amaranth Advisors mettent cependant tout en œuvre pour garder leur « champion », mais font en contrepartie beaucoup de concessions. En plus de très généreux bonus, Hunter obtient le droit de déménager ses équipes dans sa ville natale de Calgary.

### L'ultime chute

Brian Hunter commence l'année 2006 sur des bases très élevées. Sur les premiers mois de l'année, le trader engrange 3 milliards de dollars pour le compte de son employeur. Mais, en septembre de la même année, Hunter fait perdre à son fonds plus de 5 milliards de dollars. C'est, à l'époque, la plus grande perte jamais enregistrée par un établissement financier. Une perte dont le *hedge fund* ne se relèvera jamais.

Venons-en maintenant à l'évaluation spécifique des contrats *futures* ayant comme sous-jacent des matières premières.

# *Pricing* des *futures* sur matières premières

Pour évaluer le prix d'un *futures* sur matières premières, on peut utiliser l'équation suivante :

$$F = Se^{rT}$$

Cependant, cette formule ne prend pas en compte les coûts de stockage. Or, les matières premières sont des actifs physiques, et elles doivent par conséquent être stockées à des coûts non négligeables. D'où l'intérêt de prendre en compte ce paramètre, que l'on nommera ici **SC**, comme coût de stockage (*Storage Cost*). Notre équation devient alors :

$$F = (S + SC)e^{rT}$$

Supposons que vous vouliez acheter un contrat *futures* sur l'or. Le contrat s'étale sur 6 mois **T**, les coûts de stockage **SC** reviennent à 5 dollars l'once et les taux d'intérêt **r** sont de 4 %. Pour un prix spot **S** de 1 200 dollars, le prix *futures* s'obtient de la manière suivante :

$$F = (1\ 200 + 5)e^{(0,04*0,5)}$$
$$F = 1\ 229,34$$

# EXERCICES

## Exercice 8.1.

Quelles sont les trois grandes familles de contrats *futures* sur matières premières proposées par le *CME Group* ? Pour chacune de ces familles, citez un exemple de contrats *futures* sur matières premières.

## Exercice 8.2.

Vous souhaitez acheter un contrat *futures* sur le pétrole brut. Le contrat s'étale sur 6 mois *T*, les coûts de stockage *SC* reviennent à 1 dollar le baril et les taux d'intérêt *r* sont de 5 %. Sachant que le prix spot *S* est de 100 dollars, quel est le prix du contrat *futures* ?

# Chapitre IX
# DIFFÉRENCES ENTRE LES CONTRATS *FORWARDS* ET LES CONTRATS *FUTURES*

Comme nous l'avons vu, les *futures* et les *forwards* possèdent plusieurs similitudes. Pour distinguer ces deux types de contrats, nous allons mettre en évidence leurs différences.

La principale différence entre ces deux contrats tient en deux mots : **marchés organisés**. En effet, les *futures* ne s'échangent que sur les marchés organisés, généralement des Bourses de *futures*. Ce n'est pas le cas des *forwards*, qui s'échangent de façon plus libre, généralement sur le marché interbancaire. S'il n'y a qu'une seule différence à retenir entre les *forwards* et les *futures*, c'est celle-ci. D'autant que cette différence en entraîne d'autres.

Les marchés organisés sont structurés de manière à optimiser au maximum leur fonctionnement et à augmenter la liquidité. C'est la **standardisation** qui permet de réaliser cette prouesse. Comme nous l'avons vu, les échéances des contrats *futures* sont standardisées. En regroupant ainsi les dates de fin de contrats à quelques rendez-vous annuels, les Bourses s'assurent d'un volume important d'échanges à ces moments précis, augmentant ainsi la probabilité, pour chaque intervenant, de trouver une contrepartie. Le problème de la liquidité ne se pose pas véritablement pour les *forwards*, car on connaît à l'avance sa contrepartie. Par conséquent, les dates d'échéance des contrats *forwards* sont beaucoup plus flexibles, les deux intervenants pouvant s'arranger à leur convenance.

Les marchés organisés ont une autre caractéristique fondamentale : le recours à une **chambre de compensation**. Elle sert de contrepartie aux détenteurs de contrats *futures*. Ce système permet en outre d'éliminer, ou du moins de limiter, le **risque de crédit** (car il existe aussi le risque, bien que très faible, que la chambre de compensation fasse elle-même faillite). Pour ce qui est des *forwards*, le risque de crédit dépend de la solidité financière de la contrepartie.

Le mécanisme d'**appel de marge** est une autre caractéristique des marchés organisés, rendue possible par les chambres de compensation. L'appel de marge induit un flux de trésorerie quotidien pour les contrats *futures*. C'est ce que l'on a appelé le *marking to market*. Les *forwards*, n'étant pas assujettis à ce mécanisme, ne nécessitent qu'un seul flux de trésorerie à l'échéance du contrat.

# Troisième partie
## Swaps

# Chapitre X
# L'ORIGINE D'UN SUCCÈS PHÉNOMÉNAL

- **Définition**
- **Le marché des *swaps***
- **Exercices**

À l'origine des *swaps*, on retrouve les prêts parallèles. Dans les années 1970, alors que le régime de changes flottants est désormais la norme, le transfert de capitaux entre les pays demeure rigoureusement encadré. Les entreprises multinationales en pâtissent particulièrement quand elles transfèrent des capitaux entre leurs filiales et leur siège.

Afin de résoudre ce problème, les prêts parallèles sont mis en place. Pour comprendre le principe de ces prêts, prenons un exemple. Renault et Ford sont deux entreprises multinationales. Renault a une filiale aux États-Unis, et Ford une filiale en France. Supposons que les deux entreprises veuillent transférer des fonds à leurs filiales respectives. Afin de contourner les transferts internationaux, les deux sociétés mères peuvent simplement s'entendre pour prêter une somme d'argent équivalente à la filiale de leur contrepartie. Ainsi, la maison mère de Renault transférerait un montant X en euros à la filiale française de Ford, tandis que la maison mère de Ford transférerait le montant équivalent en dollars à la filiale américaine de Renault.

Au fur et à mesure que ce type de montage financier se popularisait, il a été de plus en plus difficile pour les entreprises de trouver des contreparties ayant des besoins exactement opposés aux leurs. Afin de centraliser l'offre et la demande, les institutions financières ont ainsi commencé à jouer le rôle d'intermédiaires. Ce faisant, elles ont amélioré le produit d'origine (les prêts parallèles) pour aboutir aux *swaps*.

## Définition

Le mot *swap* vient de l'anglais *to swap,* qui veut dire échanger. En finance, le *swap* désigne un échange de flux financiers entre deux contreparties. Initialement développés pour le marché des devises, les *swaps* ont ensuite été adaptés, avec beaucoup de succès, au marché des taux d'intérêt, puis aux autres marchés.

# Le marché des *swaps*

Les institutions financières ont été les premières à réaliser l'immense potentiel du marché des *swaps*. Afin de satisfaire une demande toujours plus importante, un marché interbancaire a été créé. Dans la foulée, plusieurs institutions financières sont devenues des *market makers* (ou *dealers*). Le rôle d'un *market maker* est de proposer en continu un prix d'achat (*bid*) et un prix de vente (*ask*) pour des actifs.

Les institutions financières impliquées dans le marché des *swaps* se sont également regroupées au sein d'une association baptisée *International Swap Dealers Association* (ISDA). C'est ainsi que les *swaps* devinrent le premier marché OTC à se doter d'un contrat standardisé, accélérant davantage leur développement. Grâce à ce succès, le contrat ISDA va rapidement devenir la norme pour les autres marchés dérivés OTC, permettant à l'ISDA d'étendre sa zone d'influence. Cette dernière sera rebaptisée *International Swaps and Derivatives Association.* L'ISDA peut être fière de son œuvre, car les *swaps* vont connaître un succès sans commune mesure dans le monde de la finance. D'après les chiffres de la Banque des règlements internationaux (*Bank for International Settlements*), plus de 75 % des encours sur les marchés OTC ont impliqué des *swaps*, ce qui est absolument gigantesque quand on sait que l'encours du marché OTC est évalué au premier semestre 2013 à 710,2 trillions de dollars, ou, si vous préférez, 710 182 milliards de dollars. Pour mieux comprendre ce que cela représente, comparons cette somme à des montants plus faciles à appréhender. Le produit intérieur brut (PIB) des États-Unis ? Eh bien, il n'est « que » de 17 trillions de dollars en 2014. Plus impressionnant, prenons le PIB mondial : il est estimé par la *Central Intelligence Agency* (CIA) à 73,8 trillions de dollars en 2013. C'est donc environ dix fois moins que le total des encours connus sur les marchés dérivés OTC ! La raison de ce décalage est sans doute à chercher dans le recours quasi systématique à l'effet de levier dans les transactions impliquant les produits dérivés. Au chapitre suivant, nous allons nous intéresser aux différentes familles de *swaps*.

# EXERCICES

## Exercice 10.1.

Dans les années 1970, quelles solutions les entreprises multinationales vont-elles mettre en place pour contourner les transferts internationaux ?

## Exercice 10.2.

Quel est le rôle d'un *market maker* ?

## Exercice 10.3.

Quelle entité s'occupe de la conception et de la mise à jour de contrats standardisés pour les *swaps* et pour l'ensemble des produits dérivés ?

# Chapitre XI
# LES PRINCIPALES FAMILLES DE *SWAPS*

- *Swaps* de taux
- *Swaps* de devises
- *Swaps* sur actions et sur matières premières
- Exercices

Les *swaps*, comme ce fut le cas pour les autres produits dérivés, ont été adaptés à plusieurs marchés : d'abord à celui des devises, puis à celui des taux d'intérêt, à celui des actions et enfin au marché des matières premières. Pour avoir une idée des marchés OTC les plus actifs, jetons un coup d'œil aux statistiques de la BIS (*Bank for International Settlements*) datant de décembre 2013.

**Encours mondiaux des produits dérivés OTC**
Montants en milliards de dollars

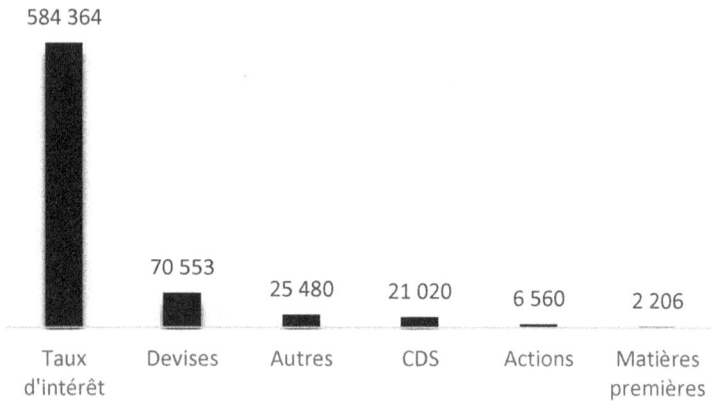

Source BIS (déc. 2013)

## *Swaps* de taux

Faisons un zoom sur les produits dérivés de taux d'intérêt OTC.

## Encours mondiaux des produits dérivés OTC
### Montants en milliards de dollars

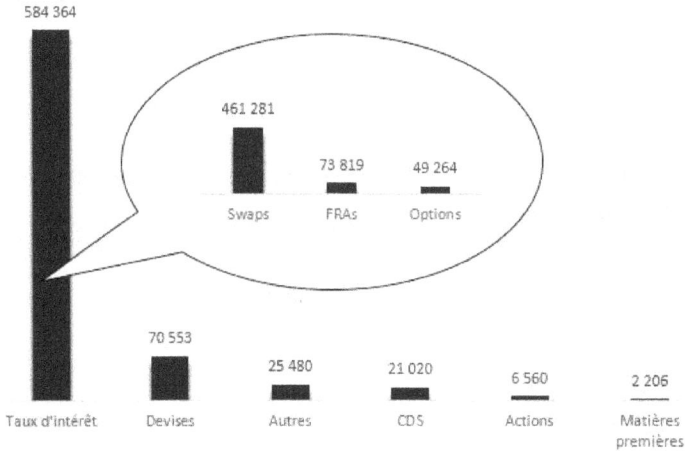

584 364

461 281

73 819

49 264

Swaps     FRAs     Options

70 553

25 480

21 020

6 560

2 206

Taux d'intérêt    Devises    Autres    CDS    Actions    Matières premières

Source BIS (déc. 2013)

Comme le montrent les graphes ci-dessus, les *swaps* de taux d'intérêt sont effectivement incontournables sur les marchés dérivés OTC. Les *swaps* de taux dans leur forme la plus basique (*plain vanilla swap*) permettent en outre de comprendre très simplement le mécanisme de fonctionnement des *swaps*.

Un *plain vanilla swap*, comprenez un *swap* de taux basique, est un mécanisme financier au cours duquel une entité A verse un taux d'intérêt fixe à une entité B, pendant que l'entité B verse un taux d'intérêt variable à l'entité A, le tout dans la même devise. Grâce à ce mécanisme, il est possible de transformer un taux d'intérêt fixe en un taux variable, et inversement. Notons cependant que le *plain vanilla* n'est pas le seul type de *swap* de taux. La définition de l'ensemble des *swaps* de taux est la suivante.

## Définition

Un *swap* de taux est une opération au cours de laquelle deux contreparties échangent des flux financiers dans la même devise, pour le même nominal et sur des références de taux différentes.

Cette définition inclut évidemment les *plain vanilla* (un taux fixe contre un taux variable dans la même devise), mais aussi les autres types de *swaps* de taux (exemple : un taux variable contre un autre taux variable dans la même devise).

## Structure d'un *swap* de taux

Pour mieux comprendre le mécanisme d'un *swap* de taux, penchons-nous sur le détail des transactions au cours d'un *swap* vanille. Prenons l'exemple fictif de l'entreprise Orange, qui a, à partir du 1$^{er}$ janvier 2015, une dette de 4 millions d'euros à rembourser sur deux ans à un taux d'intérêt variable (LIBOR 6 mois). Anticipant une hausse des taux LIBOR, Orange contacte sa banque pour mettre en place, à partir du 1$^{er}$ janvier 2015, un *swap* de taux vanille dans l'optique de transformer son taux variable en un taux fixe de 5 %. Le nominal est de 4 millions d'euros. Dans le cadre du *swap*, l'entreprise va payer des intérêts fixes à sa banque et recevoir de cette dernière des intérêts variables (LIBOR 6 mois). Dans le détail, voici ce que l'entreprise Orange va payer en intérêts pendant deux ans (on parle aussi de jambe fixe du *swap*).

1$^{er}$ janvier 2015
1$^{er}$ juillet 2015  :   -4 000 000 € .(0,05).(180/360)   = -100 000 €
1$^{er}$ janvier 2016 :   -4 000 000 € .(0,05).(180/360)   = -100 000 €
1$^{er}$ juillet 2016  :   -4 000 000 € .(0,05).(180/360)   = -100 000 €
1$^{er}$ janvier 2017 :   -4 000 000 € .(0,05).(180/360)   = -100 000 €

En contrepartie, elle va recevoir de sa banque un montant qui dépendra du taux LIBOR 6 mois (on parle aussi de jambe variable du *swap*).

1er janvier 2015
1er juillet 2015 :     4 000 000 € .(0,050).(180/360)     = 100 000 €
1er janvier 2016 :     4 000 000 € .(0,055).(180/360)     = 110 000 €
1er juillet 2016 :     4 000 000 € .(0,058).(180/360)     = 116 000 €
1er janvier 2017 :     4 000 000 € .(0,060).(180/360)     = 120 000 €

Le bilan du *swap* pour Orange se soldera par un gain de 46 000 €, soit :

1er juillet 2015 :     -100 000 + 100 000     = 0 €
1er janvier 2016 :     -100 000 + 110 000     = 10 000 €
1er juillet 2016 :     -100 000 + 116 000     = 16 000 €
1er janvier 2017 :     -100 000 + 120 000     = 20 000 €
                                                **46 000 €**

Par ailleurs, l'entreprise Orange avait une dette à taux variable de 4 000 000 € à rembourser pendant deux ans et durant la même période. Elle va donc devoir rembourser les montants suivants sur sa dette :

1er janvier 2015
1er juillet 2015 :     -4 000 000 € .(0,050).(180/360)     = -100 000 €
1er janvier 2016 :     -4 000 000 € .(0,055).(180/360)     = -110 000 €
1er juillet 2016 :     -4 000 000 € .(0,058).(180/360)     = -116 000 €
1er janvier 2017 :     -4 000 000 € .(0,060).(180/360)     = -120 000 €

Mais, si l'on y superpose les sommes perçues grâce au *swap* :

1$^{er}$ janvier 2015
1$^{er}$ juillet 2015  :    =    0 €
1$^{er}$ janvier 2016 :    =    10 000 €
1$^{er}$ juillet 2016  :    =    16 000 €
1$^{er}$ janvier 2017 :    =    20 000 €


Alors, on aboutit aux flux suivants :

| | | | |
|---|---|---|---|
| 1$^{er}$ juillet 2015  : | -100 000  + 0 | = | -100 000€ |
| 1$^{er}$ janvier 2016 : | -110 000  + 10 000 | = | -100 000€ |
| 1$^{er}$ juillet 2016  : | -116 000  + 16 000 | = | -100 000€ |
| 1$^{er}$ janvier 2017 : | -120 000  + 20 000 | = | -100 000€ |


Autrement dit, nous avons transformé une dette à taux variable (LIBOR 6 mois) en une dette à taux fixe (5 %). Orange économise ainsi 46 000 euros d'intérêt supplémentaire à payer. Maintenant que nous avons compris le mécanisme des *swaps* de taux, penchons-nous sur des cas de figure qui sortent de ce cadre. Par exemple, que se passe-t-il si la contrepartie de notre *swap* possède une devise différente de la nôtre ? C'est à ce moment que les *swaps* de devises entrent en scène.


## *Swaps* de devises

Comme nous l'avons vu, les *swaps* de devises sont la plus ancienne famille de *swaps*. Pour mieux comprendre ce qui caractérise cette famille, commençons par la définir.

## Définition

Un *swap* de devises est une opération au cours de laquelle deux contreparties échangent des flux financiers dans des devises différentes pour le même nominal. Contrairement à ce qui se fait pour les *swaps* de taux, il y a, dans le cas des *swaps* de devises, un échange du nominal au début et à la fin du *swap*.

## Mécanisme

On peut classer les *swaps* de devises en quatre catégories, en fonction de la nature des taux utilisés.

- Contrepartie A (taux fixe) versus contrepartie B (taux fixe)
- Contrepartie A (taux fixe) versus contrepartie B (taux variable)
- Contrepartie A (taux variable) versus contrepartie B (taux fixe)
- Contrepartie A (taux variable) versus contrepartie B (taux variable)

Exemple : le 1er janvier 2015, les entreprises FrenchSA et USACorp concluent un *swap* au cours duquel FrenchSA reçoit 9 millions de dollars et paie 6 millions d'euros. La durée du contrat est de 2 ans. Les taux d'intérêt sont respectivement de 3 % pour le dollar et de 4 % pour l'euro. Les échanges de flux du *swap* pour FrenchSA sont les suivants :

| | | |
|---|---|---|
| 1er janvier 2015 : | 9 millions $ | -6 millions € |
| 1er juillet 2015 : | -0,135 million $ | 0,12 million € |
| 1er janvier 2016 : | -0,135 million $ | 0,12 million € |
| 1er juillet 2016 : | -0,135 million $ | 0,12 million € |
| 1er janvier 2017 : | -9,135 millions $ | 6,12 millions € |

Vous l'aurez compris, 0,135 million de dollars est le résultat de 9 000 000 * 0,03 * 180/360. De même, 0,12 million d'euros est le résultat de 6 000 000 * 0,04 * 180/360.

Ce type de *swap* peut permettre d'inverser les devises de deux dettes libellées dans des devises différentes. En l'occurrence, ici, l'entreprise FrenchSA paie des intérêts en dollars au lieu de payer des intérêts en euros. Pour s'en convaincre, imaginons que l'entreprise FrenchSA ait effectivement emprunté les 6 millions d'euros. Cette dernière aurait donc dû rembourser tous les semestres 0,12 million d'euros, mais cette somme est annulée par le 0,12 million d'euros que reçoit dans le même temps FrenchSA *via* le *swap*. Il ne lui reste plus qu'à payer 0,135 million de dollars tous les semestres *via* le *swap*, soit des intérêts en dollars. Ainsi, le paiement d'intérêts en taux euros a été transformé en paiement d'intérêts en taux dollars.

# *Swaps* sur actions et sur matières premières

Les *swaps* de taux et de devises sont de loin les familles de *swaps* les plus couramment utilisées par les opérateurs de marché. Il existe cependant d'autres types de *swaps*, notamment, les *swaps* sur actions ainsi que ceux sur matières premières.

### *Swaps* sur actions ou sur indices

Les indices étant composés d'un ensemble d'actions, le fonctionnement des *swaps* sur actions est similaire au fonctionnement des *swaps* sur indices. Il s'agit ici d'échanger un taux d'intérêt (fixe ou variable) contre le rendement d'une action ou d'un indice.

Prenons l'exemple de l'entreprise EquityCorp, qui gère un portefeuille d'actions répliquant l'indice CAC 40. Elle décide de recourir à un *swap* sur indice pour lequel elle reçoit un taux d'intérêt fixe de 5 % et paie la performance du CAC 40 à sa contrepartie, le nominal de la transaction étant de 10 millions d'euros pour une durée d'un an. Deux scénarios principaux peuvent alors se produire.

- L'indice a une performance positive, par exemple de 10 % : dans ce cas, EquityCorp va recevoir 5 % de taux d'intérêt fixe et payer les 10 % de la performance du CAC 40. Cela représente une perte nette de 5 %, ou -0,5 million d'euros.

CAC 40 (+ 10 %) + *swap* (- 5 %)

- L'indice a une performance négative, par exemple de − 10 % : dans ce cas, EquityCorp recevra de nouveau 5 % de taux d'intérêt fixe, ainsi que la <u>valeur absolue</u> de la performance négative du CAC 40 (10 %) *via* le *swap*, soit un gain total de + 5 % + (- 10 %), soit 15 % ou 1,5 million d'euros.

CAC 40 (- 10 %) + *swap* (+ 15 %)

Ce type de *swap* permet à des gestionnaires de portefeuille d'annuler la volatilité de leur portefeuille. Par exemple, dans le cas précédent, voyons ce qui se passe si, en plus du *swap*, on intègre le portefeuille d'actions géré par l'entreprise.

- L'indice a une performance positive de 10 % : dans ce cas, EquityCorp va perdre 5 % à cause de son contrat de *swap*. Son portefeuille d'actions va dans le même temps lui rapporter 10 %. Cela représente un gain net de 5 %, ou 0,5 million d'euros.

CAC 40 (+ 10 %) + *swap* (- 5 %) = **EquityCorp (+ 5 %)**

- L'indice a une performance négative de - 10 % : dans ce cas, EquityCorp va gagner 15 % grâce à son contrat de *swap*. Son portefeuille d'actions va dans le même temps subir une perte de - 10 %. Cela représente un gain net de 5 %, ou 0,5 million d'euros.

CAC 40 (- 10 %) + swap (+ 15 %) = **EquityCorp (+ 5 %)**

Cet exemple permet de démontrer que, quelle que soit la performance de l'indice sous-jacent, notre taux restera le même. Dans le même ordre d'idée, il est possible de fixer le prix d'une matière première par le biais d'un *swap* sur matières premières.

### *Swaps* sur matières premières

Des swaps ont également été mis en place pour le marché des matières premières. Un *swap* de matières premières permet à une contrepartie d'acheter (ou de vendre) une quantité donnée de matières premières à une date future, à un prix fixé à l'avance, et de vendre (ou d'acheter) une quantité donnée de matières premières à une date future, à un prix variant en fonction de l'offre et de la demande sur le marché.

Pour illustrer le fonctionnement de ce type de *swap*, prenons l'exemple de l'entreprise CommodityCorp, qui possède un stock de matière première, ici de l'or. La valeur de ce stock n'est pas stable, car elle varie en fonction du prix de l'or sur les marchés. Pour s'en prémunir dans un intervalle de temps bien précis, CommodityCorp pourra simplement demander à sa banque de lui arranger un *swap* dans lequel l'entreprise va échanger (« *swapper* ») le prix variable de son stock d'or contre un prix fixé à l'avance. Le mécanisme de fonctionnement de ce type de *swap* est assez semblable au mécanisme des *swaps* sur actions, que nous avons traité à la section précédente.

# EXERCICES

## Exercice 11.1.

Quelle est la définition d'un *swap* de taux ? Quelle est la particularité d'un *plain vanilla* ?

## Exercice 11.2.

Votre entreprise a fait un emprunt de 10 millions d'euros dont le remboursement débute le 1$^{er}$ janvier 2016. Ce remboursement se fait à un rythme semestriel et s'étale sur deux ans à un taux d'intérêt fixe de 6 %. Anticipant une baisse des taux LIBOR, vous contactez votre banque pour mettre en place, à partir du 1$^{er}$ janvier 2016, un *swap* de taux vanille dans l'optique de transformer votre taux fixe en un taux variable (LIBOR 6 mois), et ce afin de profiter d'une éventuelle baisse des taux d'intérêt. Le nominal du contrat de *swap* est de 10 millions d'euros. Déterminez les *cash-flows* du *swap*, ceux du prêt et, finalement, ceux des deux opérations agrégées.

## Exercice 11.3.

Quelle est la définition d'un *swap* de devise ?

## Exercice 11.4.

Le 1$^{er}$ janvier 2016, les entreprises Air France et American Airlines concluent un *swap* au cours duquel Air France reçoit 15 millions de dollars et paie 12 millions d'euros, avec un cours de l'EUR/USD à 1,25. La durée du contrat est de 2 ans. Les taux d'intérêt sont respectivement de 2 % pour le dollar et de 3 % pour l'euro. Déterminez les échanges de flux semestriels du *swap* du point de vue d'Air France.

# *Quatrième partie*

# **Options**

# Chapitre XII
# CARACTÉRISTIQUES D'UN CONTRAT D'OPTION

- **L'histoire d'un mythe**
- **Définition d'un contrat d'option**
- **L'actif sous-jacent**
- **La date d'échéance**
- **Le prix d'exercice**
- **Le nominal**
- **Exercices**

# L'histoire d'un mythe

L'histoire des options est nimbée d'une aura mythique. Cette histoire est liée au désir de l'homme de vouloir contrôler l'imprévisible, parfois pour s'en prémunir, souvent pour en tirer profit. Cette histoire, c'est aussi celle d'une fleur : la tulipe. Au début du XVII$^e$ siècle, aux Pays-Bas, la tulipe fut à l'origine de la première bulle spéculative connue. En outre, c'est historiquement la première fois que des contrats d'options furent utilisés à une aussi grande échelle. La possibilité de profiter de la hausse du cours des tulipes en ne payant qu'une petite partie du prix suscita un vif intérêt de la part des spéculateurs, décuplant ainsi le mouvement de hausse du prix de la précieuse fleur. Rapidement, le cours de la tulipe atteignit des niveaux totalement décorrélés de sa valeur marchande. Puis, brusquement, la demande se tarit, entraînant une chute des cours bien plus rapide encore que le mouvement de hausse qui l'avait précédée. La crise qui s'ensuivit eut des conséquences irrévocables pour la place de marché d'Amsterdam, qui perdit son leadership mondial.

Dès le début du XVIII$^e$ siècle, Londres dominait le commerce international. Instruits par l'expérience néerlandaise, les Britanniques développèrent un scepticisme sans cesse croissant à l'égard des options, tant et si bien qu'ils finirent par les interdire pendant plus d'un siècle. L'interdiction sera finalement levée vers la fin du XIX$^e$ siècle. C'est aussi à cette époque que les options seront introduites aux États-Unis.

Après une période de gestation d'un siècle, le marché américain des options est véritablement passé dans une nouvelle dimension à partir de la fin du XX$^e$ siècle. En effet, 1973 est une année charnière dans l'histoire des options à plus d'un titre. En mars 1973, un régime de change flottant est adopté comme norme pour convertir les monnaies internationales, créant une instabilité sans précédent sur le marché des devises. C'est également l'année du « premier choc pétrolier ». Toujours en 1973, le *Chicago Board Options Exchange* (CBOE), la première Bourse entièrement dédiée aux options, ouvre ses portes. La même année voit naître l'*Options Clearing Corporation* (OCC), la première chambre de compensation dédiée aux options. Enfin, 1973 est l'année de publication des travaux de Fischer Black et Myron Scholes. Ces travaux seront complétés par Robert Merton, pour aboutir au modèle Black-Scholes-Merton. Ce modèle, comme nous allons le voir, est d'une importance capitale pour l'évaluation du prix des options. Mais avant, essayons d'en savoir un peu plus sur ce qu'est une option, ou plus précisément un contrat d'option.

## Définition d'un contrat d'option

Il existe deux types de contrats d'options : les contrats d'options d'achat (*calls*) et les contrats d'options de vente (*puts*). Sachant que ces contrats peuvent être à la fois vendus et achetés, on distingue quatre opérations de base. Ainsi, dans les négociations d'options, il est possible :

soit d'être *long* :
- acheter un contrat d'option d'achat (acheter un *call*),
- acheter un contrat d'option de vente (acheter un *put*) ;
soit d'être *court* :
- vendre un contrat d'option d'achat (vendre un *call*),
- vendre un contrat d'option de vente (vendre un *put*).

Un contrat d'option peut donc se définir comme étant un contrat qui donne à la contrepartie acheteuse du contrat (le *long*) le droit, mais pas l'obligation, d'acheter ou de vendre un actif (**le sous-jacent**) à un prix (**le prix d'exercice**), à une date (**la date d'échéance**) et à un montant (**le nominal**) déterminés à l'avance.

Nous détaillerons chacune des caractéristiques du contrat au paragraphe suivant. Mais, au préalable, il est utile de noter que la contrepartie vendeuse des contrats (le *court*) est dans une situation totalement différente. Cette contrepartie doit obligatoirement vendre ou acheter l'actif sous-jacent si la transaction lui est défavorable. Cependant, si la transaction lui est favorable, cette contrepartie n'encaissera aucune plus-value, car la contrepartie acheteuse du contrat (le *long*) n'aura pas exercé son option d'achat. Pour compenser l'asymétrie de cette transaction, la contrepartie vendeuse des contrats d'options (le *court*) va recevoir une prime, aussi appelée premium, au moment de l'initiation du contrat. La contrepartie vendeuse a donc un rôle similaire à celui d'une compagnie d'assurances, car elle est certaine d'encaisser la prime, mais ne maîtrise ni le moment du paiement ni le montant qu'il faudra débourser. D'où l'intérêt de bien évaluer le montant de la prime, ce que nous verrons en détail au chapitre suivant. Revenons maintenant sur les différentes caractéristiques d'un contrat d'option.

## L'actif sous-jacent

Les contrats d'options peuvent avoir pour sous-jacents des actifs financiers (taux d'intérêt, devises, actions, etc.), des actifs physiques (produits agricoles, métaux, sources d'énergie, etc.), des indices boursiers ou climatiques, et même d'autres produits dérivés (*futures* ou *forwards*). L'autre caractéristique importante d'un contrat d'option est sa date d'échéance.

# La date d'échéance

Les contrats d'options ont généralement des dates d'échéances standardisées. Les échéances peuvent être mensuelles, trimestrielles ou semestrielles. Dans la majorité des cas, la date d'échéance coïncide avec le troisième vendredi du mois d'échéance. De plus, les options dont la seule date d'exercice possible est la date d'échéance sont qualifiées d'options européennes. Cependant, quand l'option peut être exercée à tout moment entre la signature et l'échéance, on parle d'option américaine. En définitive, ce qui va pousser le détenteur d'un contrat d'option à exercer son droit, c'est la différence entre le prix du sous-jacent et le prix d'exercice.

# Le prix d'exercice

Le prix d'exercice, ou *strike*, est le prix d'achat ou de vente du sous-jacent. Ce prix est choisi au moment de la signature du contrat d'option. Le prix d'exercice restera le même jusqu'à la fin du contrat d'option, contrairement au cours du sous-jacent qui variera au gré de l'offre et de la demande.

Sur les marchés organisés, les courtiers offrent en général la possibilité de choisir parmi plusieurs prix d'exercice. Ce dernier peut être identique au prix du sous-jacent. On dit alors que l'option est « à la monnaie » (ou « au pair »).

Pour un *call*, quand le prix d'exercice proposé est supérieur au prix du sous-jacent, le *call* en question est dit « en dehors de la monnaie ». Prenons un exemple : une action cote 10 euros. On vous propose un *call* dont le prix d'exercice est de 11 euros. En négligeant la prime, on constate qu'une revente du *call*, immédiatement après l'avoir acheté, engendre une perte d'un euro. Pour cette raison, on dit de ce *call* qu'il est « en dehors de la monnaie ».

En revanche, quand le prix d'exercice proposé pour un *call* est inférieur au prix du sous-jacent, on dit que ce *call* est « dans la monnaie ». Un autre exemple : l'action cote toujours 10 euros. Cette fois, on vous propose un *call* ayant un prix d'exercice de 9 euros. En négligeant la prime, on observe que l'on gagne un euro si l'on vend le *call* immédiatement après l'avoir acheté. C'est la raison pour laquelle ce *call* est dit « dans la monnaie ». À noter que notre euro de gain potentiel est également appelé « valeur intrinsèque » du *call*. Naturellement, la valeur intrinsèque n'est valable que pour les options « dans la monnaie ».

Pour les *puts*, c'est le contraire. Un *put* est dit « en dehors de la monnaie » si son prix d'exercice est inférieur au prix du sous-jacent.

Enfin, un *put* est dit « dans la monnaie » si son prix d'exercice est supérieur au prix du sous-jacent.

Si vous êtes de ceux qui pensent qu'il suffit d'acheter et de revendre des *calls* ou des *puts* « dans la monnaie » pour gagner de l'argent avec les options, j'ai une mauvaise nouvelle pour vous ! En réalité, les primes des différents contrats sont calculées de manière à annuler l'avantage qu'offrent les contrats « dans la monnaie » par rapport aux autres contrats. Pour notre action à 10 euros, le courtier proposera par exemple trois *calls*. Un premier « à la monnaie » avec un prix d'exercice de 10 euros dont la prime sera de 0,46 euro. Il proposera un deuxième *call* « en dehors de la monnaie » avec un prix d'exercice de 11 euros dont la prime sera plus abordable : 0,12 euro. Enfin, il proposera un troisième *call* « dans la monnaie » avec un prix d'exercice de 9 euros, mais dont la prime sera plus onéreuse : 1,17 euro.

Le tableau ci-dessous correspond aux primes de trois *puts* et de trois *calls* avec, au milieu, le prix du sous-jacent correspondant.

| | En dehors de la monnaie | A la monnaie | Dans la monnaie |
|---|---|---|---|
| Call | 0,12 | 0,46 | 1,17 |
| Sous-jacent | 10 | 10 | 10 |
| Put | 0,06 | 0,34 | 0,98 |

Le tableau ci-dessous correspond aux prix d'exercice de trois *calls* et de trois *puts* avec, au milieu, le prix du sous-jacent correspondant.

| | En dehors de la monnaie | A la monnaie | Dans la monnaie |
|---|---|---|---|
| Prix d'exercice call | 11 | 10 | 9 |
| Sous-jacent | 10 | 10 | 10 |
| Prix d'exercice put | 9 | 10 | 11 |

Les graphes correspondant à ces différents prix d'exercice sont les suivants.

## Prix d'exercice de différents contrats

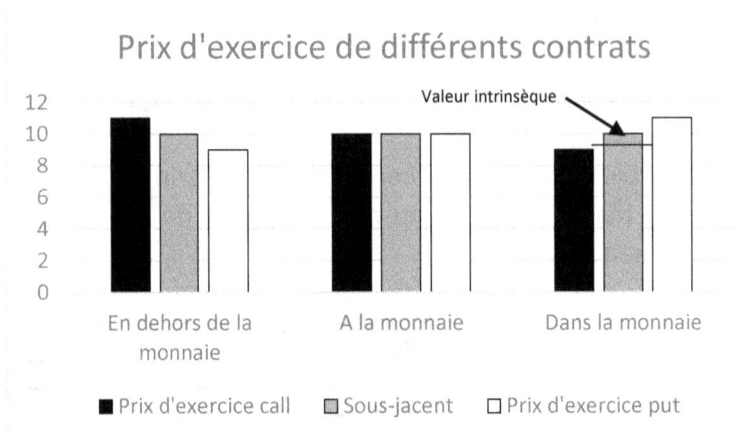

Valeur intrinsèque

| | En dehors de la monnaie | A la monnaie | Dans la monnaie |

■ Prix d'exercice call  ▦ Sous-jacent  ☐ Prix d'exercice put

La valeur temps est la probabilité que l'option puisse être exercée à la date d'échéance. La valeur temps diminue donc avec le temps, car, pour une option d'achat, l'amplitude de hausse du sous-jacent diminue également au fur et à mesure que l'on se rapproche de la date d'échéance.

# Le nominal

Le nominal est égal au nombre de contrats négociés multiplié par le prix d'un contrat. À noter que certaines Bourses imposent des limites sur le nombre de contrats achetés ou vendus à un même opérateur dans l'optique d'éviter, ou du moins de limiter, les manipulations de marchés.

# EXERCICES

## Exercice 12.1.

Quelle année a marqué les grands débuts du marché des options tel que nous le connaissons aujourd'hui ? Quels événements ayant eu lieu cette année corroborent cette thèse ?

## Exercice 12.2.

Quelle est la définition d'un contrat d'option ?

## Exercice 12.3.

Qu'est-ce qu'une option européenne ? Quelle est la différence avec une option américaine ?

## Exercice 12.4.

Quelle est la différence entre une option « à la monnaie », une option « en dehors de la monnaie » et une option « dans la monnaie » ?

## Exercice 12.5.

Quand observe-t-on la valeur intrinsèque dans un contrat d'option ? Comment peut-on la mesurer ?

# Chapitre XIII
# *PRICING* DES OPTIONS

- **Formule de Black, Scholes et Merton**
- **Extensions de la formule de Black, Scholes et Merton**
- **Exercices**

Si les options occupent une place si particulière dans l'univers des produits financiers, cela est en grande partie dû à la difficulté que représente leur évaluation. Plus souvent appelée *pricing*, l'évaluation des options est un défi qui a tenu les meilleurs financiers et mathématiciens en haleine pendant plusieurs siècles.

Le premier scientifique à avoir publié des travaux de recherche sur ce sujet est le mathématicien français Louis Bachelier, à travers sa thèse de doctorat soutenue en 1900 et intitulée *Théorie de la spéculation*. Hélas, le jury, présidé par le non moins illustre Henri Poincaré, n'accorda qu'une mention honorable[14] à la thèse, contribuant à reléguer ce travail précurseur à un relatif anonymat.

Ce n'est qu'au début des années 1950 que Paul Samuelson, futur prix Nobel d'économie, fit la découverte des travaux de Louis Bachelier. Il fit ensuite découvrir ces travaux à ses disciples, Myron Scholes puis Robert Merton. La suite fait partie de la légende : Fischer Black et Myron Scholes d'une part, et Robert Merton d'autre part, vont contribuer à élaborer la formule la plus importante de toute l'histoire de la finance. En 1997, Myron Scholes et Robert Merton recevront conjointement le prix Nobel d'économie pour leur méthode d'évaluation des options. Fischer Black, malheureusement décédé deux ans plus tôt, n'aura pas cette chance.

Nous allons découvrir la formule de *pricing* de Black, Scholes et Merton. Bien qu'elle soit de premier abord

---

[14] En général, pour des travaux de thèse, les universités françaises accordent les mentions honorifiques : « honorable » et « très honorable ». La mention « très honorable » étant généralement accordée, l'obtention d'une mention « honorable » est souvent considérée comme dévalorisante.

complexe, nous allons voir qu'il n'est pas nécessaire d'être un surdoué en mathématiques pour se l'approprier. Mais avant cela, il est important de noter que cette formule s'inscrit dans un cadre théorique bien précis. D'abord, elle suppose que les mouvements de marché suivent une marche aléatoire. La formule suppose également que la volatilité et les taux d'intérêt restent constants tout au long de la vie du contrat d'option. Elle suppose, de plus, qu'il n'y a pas de frais de transaction. Pour finir, cette formule ne prend pas en compte l'impact du versement des dividendes sur une action.

# Formule de Black, Scholes et Merton

La formule de *pricing* des *calls* et des *puts* :

$$Call = S_0\,N(d_1) \ - \ Ke^{-rT}\,N(d_2) \qquad Put = Ke^{-rT}\,N(-d_2) \ - \ S_0\,N(-d_1)$$

*Avec :*

$$d1 = \frac{ln\left(\frac{S}{K}\right) + \left(r + \frac{\sigma^2}{2}\right)T}{\sigma\sqrt{T}}$$

$$d2 = \frac{ln(\frac{S}{K}) + (r - \frac{\sigma^2}{2})T}{\sigma\sqrt{T}} = d1 - \sigma\sqrt{T}$$

*Où*
$S_0$ *: le cours du sous-jacent*
$K$ *: le prix d'exercice, ou* strike
$T$ *: la durée de vie du contrat, exprimée en fraction d'une année*
$\sigma$ *: l'écart-type, qui permet d'exprimer la volatilité annuelle*
$r$ *: le taux d'intérêt annuel*
$N(d)$ *: la fonction de répartition de la loi normale centrée réduite*

Vous venez de découvrir la fameuse formule de Black et Scholes. Si ces opérations vous semblent être une langue étrangère, ne vous enfuyez pas en courant ! Nous allons voir dans les lignes qui suivent que l'utilisation de cette formule est à la portée de tous. Vous serez en mesure de vous l'approprier, et même de l'apprendre par cœur si vous le souhaitez. Vous n'en croyez pas un mot ? Lisez plutôt.

## Utilisation de la formule

Pour nous familiariser avec la formule, rien de mieux qu'un peu de pratique. Essayons pour cela de déterminer le prix d'un *call*, sachant que l'on a les éléments suivants : prix du sous-jacent : 80 euros ; prix d'exercice : 78 euros ; taux d'intérêt : 5 % ; volatilité annuelle du marché : 20 % ; durée du contrat : 3 mois.

Nous avons donc $S_0 = 80$, $K = 78$, $T = 0,25$, $\sigma = 0,2$ et $r = 0,05$. Procédons en trois étapes.

1. Détermination de $d_1$ et $d_2$

$$d1 = \frac{ln\left(\frac{80}{78}\right) + \left(0,05 + \frac{0,2^2}{2}\right) . 0,25}{0,2 . \sqrt{0,25}} \qquad d1 = 0,42818$$

$$d2 = 0,42818 - 0,2 . \sqrt{0,25} \qquad d2 = 0,32818$$

2. Détermination de N($d_1$) et N($d_2$)

Le moyen le plus pratique d'obtenir la fonction de répartition de la loi normale centrée réduite est d'utiliser la fonction LOI.NORMALE.STANDARD.N dans le tableur Excel. On mettra le $d$ en premier paramètre et VRAI en deuxième paramètre.

$N(d1) = N(0,42818 ; VRAI)$  $N(d1) = 0,665739962$

$N(d2) = N(0,32818 ; VRAI)$  $N(d2) = 0,62861222$

### 3. Calcul du prix du *call*

$Call = 80 * 0,665739962 - 78 * e^{-0,05*0,25} * 0,62861222$
$Call = 4,83653$

Essayons maintenant de calculer le prix d'un *put*. Vous aurez peut-être noté que le *call* précédent était « dans la monnaie ». Par conséquent, pour rester dans la même logique, nous allons choisir un *put* également « dans la monnaie » avec les mêmes caractéristiques. Nous allons donc essayer de déterminer le prix d'un *put* étant donné les éléments suivants : prix du sous-jacent : 78 euros ; prix d'exercice : 80 euros ; taux d'intérêt : 5 % ; volatilité annuelle du marché : 20 % ; durée du contrat : 3 mois.

Nous avons donc $S_0 = 78$, $K = 80$, $T = 0,25$, $\sigma = 0,2$ et $r = 0,05$. Procédons en trois étapes.

### 1. Détermination de $d_1$ et $d_2$

$$d1 = \frac{ln\left(\frac{78}{80}\right) + \left(0,05 + \frac{0,2^2}{2}\right).0,25}{0,2.\sqrt{0,25}}$$  $d1 = -0,07818$

$d2 = -0,07818 - 0,2 . \sqrt{0,25}$ $\qquad$ $d2 = -0,17818$

2. <u>Détermination de N($-d_1$) et N($-d_2$)</u>

N(-d1) = N(0,07818) $\qquad$ N(-d1) = 0,531157564

N(-d2) = N(0,17818) $\qquad$ N(-d2) = 0,570709192

3. <u>Calcul du prix du *put*</u>

$Put = 80 * e^{-0,05*0,25} * 0,570709192 - 78 * 0,531157564$
***Put* = 3,65929**

<u>Pratique :</u> vous savez désormais utiliser la formule. Afin de vous exercer, n'hésitez pas à vous servir des *pricers* que nous avons spécialement conçus pour vous sur le site **www.masterderivatives.com**.

## Stock options pricing (without dividends)

⦿ Call     ○ Put

Spot price   [_____]   e.g. 26

Strike price   [_____]   e.g. 26

Interest rate [_____]   e.g. 0.1

Volatility   [_____]   e.g. 0.2

Time (yrs)   [_____]   e.g. 0.5

[ Clear ]     [ Compute ]

 

Nous allons maintenant essayer de relever un autre défi, à savoir apprendre par cœur la formule.

## Apprendre la formule de BSM[15] par cœur

### Pourquoi apprendre cette formule par cœur ?

La première question que l'on pourrait légitimement se poser serait : quel est l'intérêt d'apprendre par cœur une formule aussi complexe que la formule de Black et Scholes ? La réponse est dans la question. En effet, c'est précisément parce qu'elle a la réputation d'être complexe qu'il faut apprendre cette formule. Cela peut par exemple vous permettre de vous démarquer par rapport à d'autres

---

[15] BSM pour Black Scholes Merton

candidats pendant un entretien d'embauche. Cela peut permettre également de désacraliser cette formule parfois intimidante. Enfin, cela pourrait être une nécessité académique (contrôle, examen).

**Mieux comprendre la formule**

Dans la formule de Black et Scholes, il y a quatre éléments à connaître : *call, put, $d_1$* et *$d_2$*.

Cependant, rassurez-vous, car, parmi ces quatre éléments, un seul vous demandera un réel effort d'apprentissage : c'est $d_1$. Les trois autres sont assez simples à comprendre, et donc à déduire.

### *Call*

Commençons par la formule d'un *call*. Nous l'avons vu, le prix d'un *call* résulte en grande partie de la **différence entre le prix du sous-jacent et le prix d'échéance**, ce qui pourrait se traduire par :

$$Call = S_0 - K$$

Mais cette soustraction n'a pas de sens, car, si le prix du sous-jacent est un prix au temps présent ($t_0$), le prix d'échéance est un prix futur. Or, pour être soustrait au prix du sous-jacent, le prix d'échéance doit au préalable être rapporté au temps présent ($t_0$). On va par conséquent actualiser le prix d'échéance. Pour cela, on doit multiplier $K$ par $e^{-rT}$, ce qui donne :

$$Call = S_0 - Ke^{-rT}$$

Cependant, le prix d'un *call* est également affecté par d'autres facteurs, notamment la volatilité des marchés. C'est pour prendre en compte cette variable que $N(d_1)$ et $N(d_2)$ ont été ajoutés à l'équation. On arrive ainsi à la formule d'un *call* :

$$Call = S_0\, N\,(d_1)\ -\ Ke^{-rT}\, N\,(d_2)$$

## Put

Une fois que l'on a appris la formule d'un *call,* celle d'un *put* se trouve très facilement : il suffit de multiplier la formule du *call* par -1.

$$-\,(Call) = -\,S_0\, N\,(d_1)\ +\ Ke^{-rT}\, N\,(d_2)$$

Puis d'ajouter un signe moins à $d_1$ et à $d_2$, ce qui nous donne :

$$-\,(Call)\ = -\,S_0\, N\,(-d_1) + Ke^{-rT}\, N\,(-d_2)$$

Il ne reste plus qu'à remplacer – *(call)* par *put* et à commencer la formule par $Ke^{-rT}\, N\,(-d_2)$. On obtient ainsi la formule d'un *put* :

$$Put = Ke^{-rT}\, N\,(-d_2)\ -\ S_0\, N\,(-d_1)$$

## $d_2$

$d_2$, quant à lui, peut se déduire facilement à partir de $d_1$ grâce à la formule :

$$d_2 =\ d_1 - \sigma\,\sqrt{T}$$

Il ne vous reste plus qu'une seule formule à apprendre.

## d₁

La formule de $d_1$ est la suivante :

$$d1 = \frac{ln\left(\frac{S}{K}\right) + \left(r + \frac{\sigma^2}{2}\right).T}{\sigma\sqrt{T}}$$

Il y a donc trois blocs à apprendre.

D'abord **ln(S₀/K)**, qui nous rappelle le $S_0 - K$.

Ensuite le **(r + σ²/2).T**.

Et enfin le **σ√T**, que nous avons déjà rencontré dans la formule de $d_2$.

Avec ces astuces, si vous vous concentrez, vous serez en mesure d'apprendre par cœur la formule en moins d'une demi-heure. Bien sûr, n'hésitez pas à vous entraîner plusieurs fois à la réécrire de tête sans vous tromper, et, bientôt, vous pourrez réciter l'intégralité de la formule sans réfléchir et en un temps record !

Ne perdons pas de vue cependant que cette formule a, en réalité, un champ d'application assez restreint, car elle ne fonctionne que pour l'évaluation d'options sur des actions ne versant pas de dividendes. Nous allons voir que cette formule a été améliorée dans l'optique de permettre l'évaluation d'options sur des actions versant des dividendes, mais aussi l'évaluation des options de nombreux autres actifs (indices boursiers, devises, contrats à terme).

# Extensions de la formule de Black, Scholes et Merton

La formule dite généralisée du modèle de Black, Scholes et Merton est la suivante.

$Call = S_0\, e^{-qT}\, N(d_1) - Ke^{-rT}\, N(d_2)$

$Put = Ke^{-rT} N(-d_2) - S_0\, e^{-qT} N(-d_1)$

Avec :

$$d1 = \frac{ln\left(\frac{S}{K}\right) + \left(r - q + \frac{\sigma^2}{2}\right)T}{\sigma\sqrt{T}}$$

$$d2 = \frac{ln\left(\frac{S}{K}\right) + \left(r - q - \frac{\sigma^2}{2}\right)T}{\sigma\sqrt{T}} = d1 - \sigma\sqrt{T}$$

Où
$S_0$ : le cours du sous-jacent
$K$ : le prix d'exercice, ou strike
$T$ : la durée de vie du contrat, exprimée en fraction d'une année
$\sigma$ : l'écart-type, qui permet d'exprimer la volatilité annuelle
$r$ : le taux d'intérêt annuel
$q$ : le taux du dividende connu
$N(d)$ : la fonction de répartition de la loi normale centrée réduite

Cette formule permet naturellement d'évaluer les options d'**actions versant des dividendes** connus. Cependant, comme nous l'avons précédemment mentionné, cette formule peut aussi permettre d'évaluer :

- des options d'**indices boursiers**, sachant que ces derniers intègrent dans leur calcul les dividendes des actions les constituant ;
- des options de **devises**, en remplaçant $q$ par $r_f$, le taux d'intérêt de la devise étrangère ;
- des options de **contrats à terme**, en remplaçant $q$ par $r$.

Pratique : vous pouvez également tester tous ces exemples grâce à différents *pricers* à votre disposition sur www.masterderivatives.com.

Stock  Index  Futures  Currency  CDS

Pour les sous-jacents les plus courants, la méthode d'évaluation la plus utilisée est la formule de Black, Scholes et Merton. C'est pour cela que nous avons choisi de mettre l'accent sur cette méthode d'évaluation. Il convient cependant de noter que la formule de Black, Scholes et Merton n'est pas la seule méthode d'évaluation des options. Deux autres méthodes peuvent également être utilisées : la méthode des **arbres binomiaux** et la méthode de **Monte-Carlo**.

# EXERCICES

## Exercice 13.1.
Déterminez le prix d'un *call* sachant que nous avons les éléments suivants : prix du sous-jacent : 200 euros ; prix d'exercice : 180 euros ; taux d'intérêt : 3 % ; volatilité annuelle du marché : 15 % ; durée du contrat : 3 mois (utilisez la formule sans dividende).

## Exercice 13.2.
Déterminez le prix d'un *put* étant donné les éléments suivants : prix du sous-jacent : 200 euros ; prix d'exercice : 220 euros ; taux d'intérêt : 3 % ; volatilité annuelle du marché : 15 % ; durée du contrat : 3 mois (utilisez la formule sans dividende).

## Exercice 13.3.
Déterminez le prix d'un *call* sur la devise EUR/USD, sachant que nous avons les éléments suivants : prix du sous-jacent : 1,15 ; prix d'exercice : 1,10 ; taux d'intérêt domestique : 3 % ; taux d'intérêt étranger : 2 % ; volatilité annuelle du marché : 20 % ; durée du contrat : 3 mois.

## Exercice 13.4.
Déterminez le prix d'un *put* sur la devise EUR/USD, étant donné les éléments suivants : prix du sous-jacent : 1,15 ; prix d'exercice : 1,20 ; taux d'intérêt domestique : 3 % ; taux d'intérêt étranger : 2 % ; volatilité annuelle du marché : 20 % ; durée du contrat : 3 mois.

# Chapitre XIV
# LES LETTRES GRECQUES

- **Le delta**
- **Le gamma**
- **Le thêta**
- **Le rhô**
- **Le véga**
- **Exercices**

Pour les gestionnaires de portefeuilles d'options, il est indispensable de connaître rapidement l'impact du changement de chacun des éléments composant la formule de Black et Scholes sur leurs portefeuilles. Ces éléments sont : le prix du sous-jacent $S$, le temps $t$, le taux d'intérêt $r$ et la volatilité $\sigma$. Vous l'aurez noté, le prix d'exercice $K$ n'est pas mentionné, car celui-ci ne varie pas. Chacun de ces éléments de la formule est à l'origine d'au moins une lettre grecque :

- le prix du sous-jacent : *delta, gamma* ;
- le temps : *thêta* ;
- le taux d'intérêt : *rhô* ;
- la volatilité : *véga.*

## Le delta

Le delta permet de mesurer la sensibilité du prix d'une option par rapport à la variation du prix du sous-jacent. Mathématiquement, cela correspond à l'équation suivante.

$$Delta\ (\delta) = \frac{\partial P}{\partial S}$$

## Le gamma

Le gamma permet de mesurer la sensibilité du delta d'une option par rapport à la variation du prix du sous-jacent. Par analogie, le gamma est au delta ce qu'est l'accélération à la vitesse. Mathématiquement, cela correspond à l'équation suivante.

$$Gamma\ (\gamma) = \frac{\partial^2 P}{\partial S^2}$$

# Le thêta

Le thêta permet de mesurer la sensibilité du prix d'une option par rapport à la variation du temps qui passe. Mathématiquement, cela correspond à l'équation suivante.

$$Th\hat{e}ta\ (\theta) = -\frac{\partial P}{\partial t}$$

# Le rhô

Le rhô permet de mesurer la sensibilité du prix d'une option par rapport à la variation du taux d'intérêt. Mathématiquement, cela correspond à l'équation suivante.

$$Rh\hat{o}\ (\rho) = \frac{\partial P}{\partial r}$$

# Le véga

Le véga mesure la sensibilité du prix d'une option par rapport à la variation de la volatilité implicite. Mathématiquement, cela correspond à l'équation suivante.

$$V\acute{e}ga\ (v) = \frac{\partial P}{\partial \sigma}$$

**Pratique** : afin de réaliser le calcul des grecques, n'hésitez pas à vous servir des simulateurs présents sur le site masterderivatives.com. Exemple : pour une action cotée au prix de 26 euros et dont le prix d'exercice est de 26 euros, le taux d'intérêt de 10 %, la volatilité de 20 %, et la durée du contrat, de 6 mois, quelles valeurs obtenez-vous pour le *delta,* le *gamma*, le *thêta*, le *rhô* et le *véga* ?

## Stock options pricing (without dividends)

◉ Call          ○ Put

Spot price      | 26 |          e.g. 26

Strike price    | 26 |          e.g. 26

Interest rate   | 0.1 |         e.g. 0.1

Volatility      | 0.2 |         e.g. 0.2

Time (yrs)      | 0.5 |         e.g. 0.5

[ Clear ]          [ Compute ]

**Price :      2.15**

GREEKS
Delta      0.6643
Gamma      0.0992
Vega       6.7032
Theta      -2.8526
Rho        7.56

# EXERCICES

## Exercice 14.1.

Déterminez le prix d'un *call* ainsi que ses grecques, sachant que nous avons les éléments suivants : prix du sous-jacent : 200 euros ; prix d'exercice : 180 euros ; taux d'intérêt : 3 % ; volatilité annuelle du marché : 15 % ; durée du contrat : 3 mois (utilisez la formule sans dividende).

## Exercice 14.2.

Déterminez le prix d'un *put* ainsi que ses grecques, sachant que nous avons les éléments suivants : prix du sous-jacent : 200 euros ; prix d'exercice : 220 euros ; taux d'intérêt : 3 % ; volatilité annuelle du marché : 15 % ; durée du contrat : 3 mois (utilisez la formule sans dividende).

## Exercice 14.3.

Déterminez le prix d'un *call* sur la devise EUR/USD ainsi que ses grecques, sachant que nous avons les éléments suivants : prix du sous-jacent : 1,15 ; prix d'exercice : 1,10 ; taux d'intérêt domestique : 3 % ; taux d'intérêt étranger : 2 % ; volatilité annuelle du marché : 20 % ; durée du contrat : 3 mois.

## Exercice 14.4.

Déterminez le prix d'un *put* sur la devise EUR/USD ainsi que ses grecques, sachant que nous avons les éléments suivants : prix du sous-jacent : 1,15 ; prix d'exercice : 1,20 ; taux d'intérêt domestique : 3 % ; taux d'intérêt étranger : 2 % ; volatilité annuelle du marché : 20 % ; durée du contrat : 3 mois.

## Chapitre XV
# LES STRATÉGIES DE *TRADING* D'OPTIONS

- **Les figures de base**
- **Les *covered calls* et les *covered puts***
- **Les *spreads***
- **Les *butterfly spreads***
- **Les *straddles***
- **Les *strangles***
- **Exercices**

Dans cette partie, nous allons nous pencher sur les principales stratégies d'investissement d'options. Ces stratégies peuvent impliquer un seul actif, comme c'est le cas dans la section « Les figures de base ». Cependant, il existe également des stratégies plus élaborées impliquant plusieurs actifs. Nous traiterons ensuite des stratégies impliquant à la fois une action et une option dans la section « Les *covered calls* et les *covered puts* ». Enfin, nous étudierons les stratégies impliquant plusieurs options dans les sections suivantes : « Les *spreads* », « Les *butterfly spreads* », « Les *straddles* » et « Les *strangles* ».

## Les figures de base

Nous avons évoqué les figures de base dans le chapitre XII, « *Caractéristiques d'un contrat d'option* ». Pour rappel, il y en a quatre.

On peut acheter un *call* (voir le schéma ci-dessous).

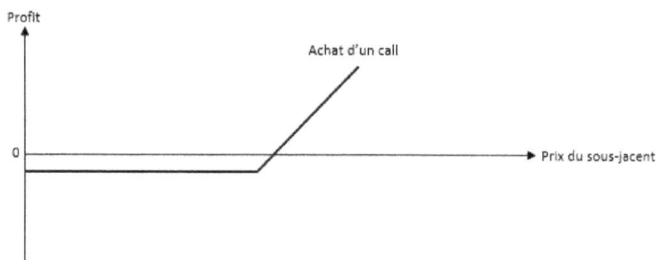

Ou encore acheter un *put*.

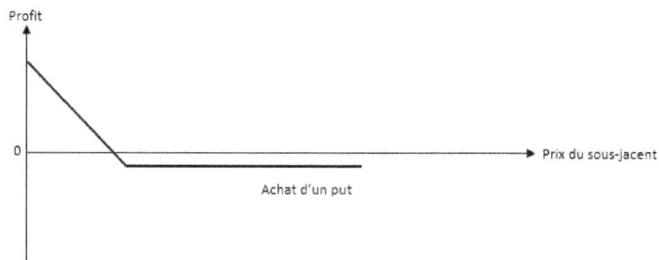

Profit

0 ................................................. Prix du sous-jacent

Achat d'un put

Dans ces deux cas, on est « long ».

On peut aussi vendre un *call*.

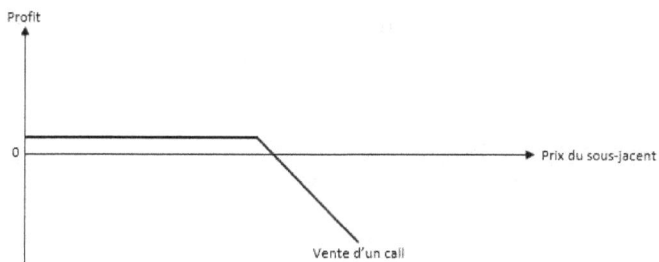

Profit

0 ................................................. Prix du sous-jacent

Vente d'un call

Ou encore vendre un *put*.

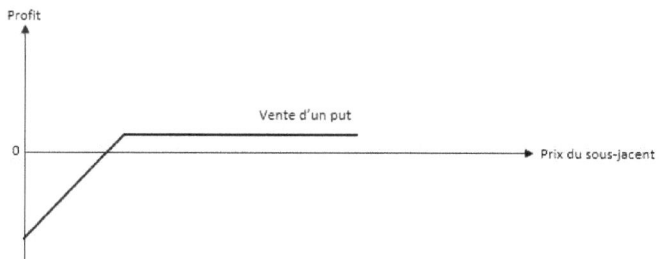

Profit

Vente d'un put

0 ................................................. Prix du sous-jacent

Dans ces deux derniers cas, on est « court ».

Cependant, il est possible de combiner ces figures de base entre elles ou avec des actions. C'est ce que nous allons voir dans les sections suivantes.

# Les *covered calls* et les *covered puts*

En préambule, notons que, sur des actions également, on peut être « long » ou « court ». Dans la majorité des cas, on est « long ». Cela veut simplement dire que l'on a acheté une action. On espère dans ce cas que le cours de l'action augmentera, afin que l'on puisse encaisser une belle plus-value au moment de la revente de notre actif. Cependant, il est aussi possible d'être « court » sur une action. Dans ce cas, on réalise ce que l'on appelle une « vente à découvert ». Autrement dit, on vend une action, en croisant les doigts, dans l'espoir que sa valeur chutera le plus lourdement possible ! ☺ Une fois la baisse réalisée, il ne nous reste plus qu'à encaisser un joli pécule au moment de racheter l'action (ce qui va, par la même occasion, clôturer notre position).

Revenons à nos *covered calls et covered puts*. Un *covered call* est un *call* couvert par une action et un *covered put* est un *put* couvert par une action. On constate qu'en combinant une action et l'une des figures de base (figures vues dans la section précédente), on obtient une autre figure de base. Passons en revue ces différentes combinaisons.

N.B. Dans toutes les combinaisons qui suivront, nous négligerons les frais de transaction.

**Position longue sur une action + position longue sur un put = position longue sur un call = achat d'un covered put.**
Si l'on achète (« position longue ») une action et qu'en plus on achète (« position longue ») une option de vente (« un

*put* ») du même actif, le bilan financier de la combinaison des deux contrats sera identique au bilan financier d'un autre investisseur ayant acheté (« position longue »), dans le même intervalle de temps, une option d'achat (« un *call* ») du même actif.

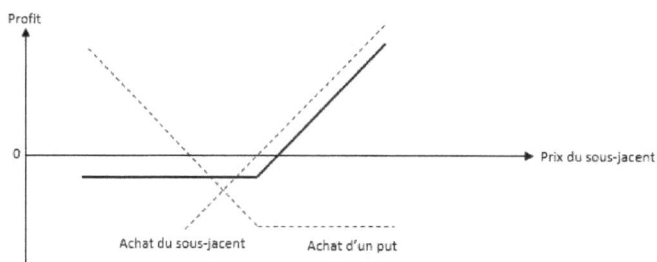

**Position longue sur une action + position courte sur un call = *position courte sur un* put = *vente d'un* covered call.**

Si l'on achète (« position longue ») une action et qu'en plus on vend (« position courte ») une option d'achat (« un *call* ») du même actif, le bilan financier de la combinaison des deux contrats sera identique au bilan financier d'un autre investisseur ayant vendu (« position courte »), dans le même intervalle de temps, une option de vente (« un *put* ») du même actif.

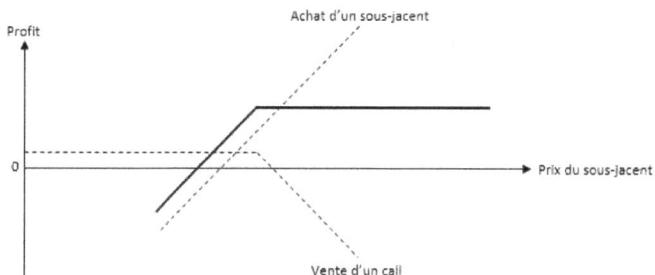

***Position courte sur une action + position courte sur un* put =
*position courte sur un* call = *vente d'un* covered put.**

Si l'on vend (« position courte ») une action et qu'en
plus on vend (« position courte ») une option de vente (« un
*put* ») du même actif, le bilan financier de la combinaison des
deux contrats sera identique au bilan financier d'un autre
investisseur ayant vendu (« position courte »), dans le même
intervalle de temps, une option d'achat (« un *call* ») du même
actif.

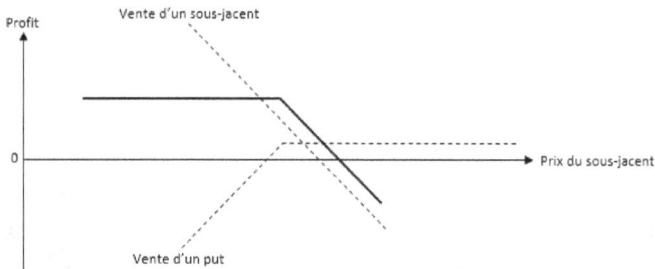

***Position courte sur une action + position longue sur un* call =
*position longue sur un* put = *achat d'un* covered call.**

Si l'on vend (« position courte ») une action et qu'en
plus, on achète (« position longue ») une option d'achat (« un
*call* ») du même actif, le bilan financier de la combinaison des
deux contrats sera identique au bilan financier d'un autre
investisseur ayant acheté (« position longue »), dans le même
intervalle de temps, une option de vente (« un *put* ») du
même actif.

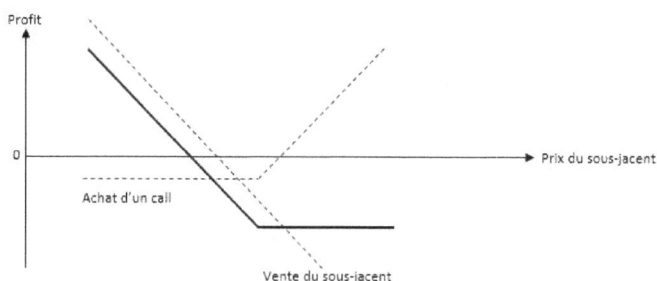

Pourquoi utilise-t-on ces combinaisons ? Il y a plusieurs raisons à cela, la principale étant la modification du profil de risque d'un actif. Nous l'avons vu avec les *swaps* de taux vanilles qui permettent de transformer des taux variables en taux fixes ou inversement. Ici, le profil de risque d'une action devient similaire à celui d'une option, car, comme vous le savez maintenant, ces deux actifs n'ont pas le même profil de risque. De façon plus concrète, cela permet de protéger (temporairement) un sous-jacent, une action dans notre cas, contre d'éventuels mouvements défavorables.

## Les *spreads*

Les *spreads* sont des combinaisons qui impliquent l'achat et la vente au même moment de deux *calls* différents ou de deux *puts* différents, la différence entre les deux *calls* (ou *puts*) se situant au niveau de leurs prix d'exercice. Cet écart (*spread* en anglais) explique le nom de cette catégorie. Les dates d'échéance des deux contrats doivent cependant être identiques. On compte quatre combinaisons principales dans cette section : l'achat d'un *call spread*, l'achat d'un *put spread*, la vente d'un *call spread* et la vente d'un *put spread*.

159

L'**achat d'un** *call spread* consiste en l'achat d'un *call* à un prix K et la vente d'un *call* ayant un prix d'exercice plus élevé K+e *(e* étant un réel positif) dans le même intervalle de temps. La combinaison des deux contrats forme un *call spread* qualifié de haussier.

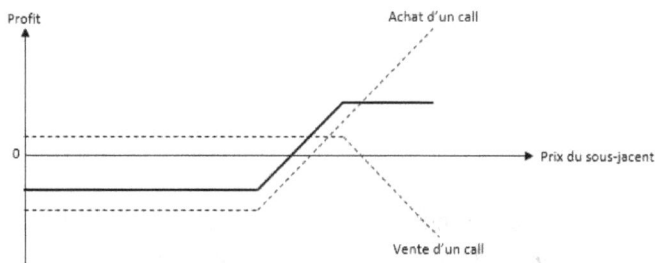

Exemple : l'action de Facebook cote 80 dollars. Vous pensez qu'il y a une forte probabilité pour que le prix de l'action augmente au maximum de 8 dollars (+ 10 %) dans les trois prochains mois. Dans le même temps, vous souhaitez vous protéger contre une baisse du cours au-dessous des 80 dollars. Vous demandez à votre courtier de vous acheter un *call spread*. Ce dernier va procéder de la manière suivante.

1. Achat d'un *call* trois mois au prix d'exercice de 80 dollars. Prenons l'hypothèse d'un taux d'intérêt de 4 % et d'une volatilité de 10 %. masterderivatives.com nous indique que la valeur du *call* est de 2,02 dollars. Ce contrat va nous protéger contre la baisse du sous-jacent tout en nous permettant de profiter d'une hausse du titre jusqu'à 88 dollars.

   a.   En effet, si, le jour de l'échéance, le cours de Facebook se situe dans l'intervalle [0 à 82,02], nous perdrons au maximum le coût de la prime du contrat, soit la valeur du *call* : 2,02 dollars.

b.    Si, à l'échéance, le cours se situe dans l'intervalle [82,02 à 88], nous profiterons de la hausse du cours.

2. Vente d'un *call* trois mois au prix d'exercice de 88 dollars. En prenant les mêmes hypothèses, le *call* vaut cette fois 0,08 dollar. À noter que, contrairement au cas précédent, ici, la prime de 0,08 dollar nous revient, car nous sommes vendeurs du contrat. La vente d'un *call* implique deux possibilités.

a.    Soit le cours se situe au-dessus du prix d'exercice, ce qui correspond dans notre cas à l'intervalle [88,08 à + $\infty$[16] ]. C'est un scénario défavorable, car on s'expose à une perte illimitée. Cependant, sachant que nous avons également acheté un deuxième contrat (celui précédemment cité) qui nous expose à un gain potentiellement illimité dans le même intervalle, l'espérance de gain est donc nulle pour ces deux contrats, car ils s'annulent mutuellement.

b.    Soit le cours se situe en dessous du prix d'exercice, ce qui correspond dans notre cas à l'intervalle [0 à 88,08]. Il s'agit d'un scénario favorable, car, dans ce cas, nous encaissons une prime d'un montant maximum de 0,08 dollar[17].

3. Déterminons le bilan financier des deux contrats combinés. La prime d'abord : elle nous coûtera 2,02 - 0,08, soit 1,94 dollar. L'ensemble des flux est résumé dans le tableau ci-dessous.

---

[16] + $\infty$ : symbole mathématique signifiant plus l'infini.
[17] On parle de montant maximum de la prime, car il peut être réduit si, par exemple, le cours se situe à l'échéance dans l'intervalle [80,00 à 80,08].

| Valeur de Facebook | Revenus (en dollars) | Performance |
|---|---|---|
| [0 à 80] | -1,94 | -100 % |
| [80 à 81,94] | [-1,94 à 0] | [-100 % à 0 %] |
| [81,94 à 88] | [0 à 6,06] | [0 % à 212,37 %] |
| [88 à + ∞] | 6,06 | 212,37 % |

On peut constater que, pour une hausse de 10 % du sous-jacent (l'action de Facebook), on peut espérer une hausse allant jusqu'à 212,37 % de notre portefeuille d'options, tout en étant protégé d'une éventuelle baisse du titre. L'avantage par rapport à l'achat de l'action Facebook semble donc évident ici.

Cependant, on pourrait se demander s'il ne serait pas plus simple d'acheter directement un *call*. En effet, en achetant un *call*, on peut bénéficier d'une performance élevée, en étant protégé d'une baisse du titre. De plus, on n'est pas limité à une hausse maximale de 88 dollars. Eh bien, l'avantage de l'achat d'un *call spread* par rapport à un *call* simple se situe au niveau du coût du premium. Cela peut sembler anecdotique, mais la différence entre la prime du *call spread* (1,94 dollar) et celle du *call* (2,02 dollars), soit 0,08 dollar, peut avoir des conséquences non négligeables sur la performance finale. Pour s'en convaincre, calculons la performance de l'achat d'un *call* pour un cours à 88 dollars à l'échéance. On obtient une performance de 196,03 %, une performance évidemment très élevée, mais clairement moins importante que les 212,37 % du *call spread*. Quant au fait de ne pas pouvoir bénéficier de la plus-value au-delà de 88 dollars avec le *call spread*, c'est une simple question de probabilités. Il ne faut pas perdre de vue que les contrats d'options sont limités dans le temps. Et, dans ce cas, le contrat est limité à trois mois. Or, dans cet intervalle, il y a peu de chances que l'action progresse de plus de 10 %. En revanche, il y a une forte probabilité pour que l'action se situe dans l'intervalle [80 à 88] dans trois mois. Il s'agit donc de maximiser la rentabilité dans cet intervalle et, pour cela, vous l'aurez compris, l'achat d'un *call spread* est plus avantageux que l'achat d'un *call* classique.

Dans le même ordre d'idée, nous avons aussi...

L'**achat d'un *put spread***, qui se réalise par la vente d'un *put* à un prix *K* et l'achat d'un *put* ayant un prix d'exercice plus élevé *K+e* dans le même intervalle de temps. La combinaison des deux contrats forme un *put spread* qualifié de baissier.

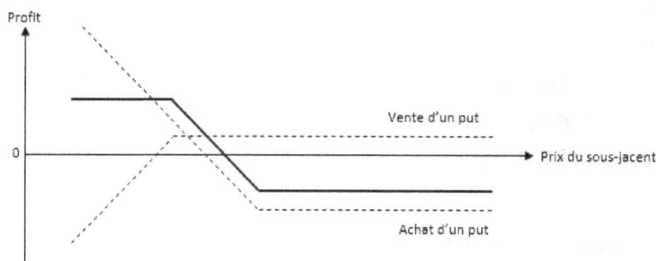

Profit

0

Vente d'un put

Prix du sous-jacent

Achat d'un put

Exemple : l'action de Twitter cote 60 dollars. Vous pensez qu'il y a une forte probabilité pour que le prix de l'action baisse de 6 dollars (- 10 %) dans les trois prochains mois. Dans le même temps, vous souhaitez vous protéger contre une hausse du cours au-dessus des 60 dollars. Vous demandez à votre courtier de vendre pour votre compte un *put spread*. Ce dernier va procéder de la manière suivante.

1. Vente d'un *put* trois mois au prix d'exercice de 54 dollars. Prenons l'hypothèse d'un taux d'intérêt de 4 % et d'une volatilité de 10 %. masterderivatives.com nous indique que le *put* va nous rapporter 0,01 dollar. La vente d'un *put* implique deux possibilités.

a.     Soit le cours se situe en dessous du prix d'exercice, ce qui correspond dans notre cas à l'intervalle [0 à 53,99]. C'est un scénario défavorable pour nous, car on s'expose à une perte illimitée.

b.     Soit le cours se situe au-dessus du prix d'exercice, ce qui correspond dans notre cas à l'intervalle [53,99 à $+\infty$]. C'est un scénario favorable pour nous, car, dans ce cas, nous encaissons une prime d'un montant de 0,01 dollar.

2. Achat d'un *put* trois mois au prix d'exercice de 60 dollars. En prenant les mêmes hypothèses, on en déduit que notre contrat nous coûtera 1,51 dollar. Ce contrat va nous protéger contre la hausse du sous-jacent, tout en nous permettant de profiter d'une baisse du titre jusqu'à 54 dollars.

a.     En effet, si, le jour de l'échéance, le cours de Twitter se situe dans l'intervalle [58,49 à $+\infty$], nous perdons au maximum le coût de la prime du contrat, soit la valeur du *put* : 1,51 dollar.

b.     Si, à l'échéance, le cours se situe dans l'intervalle [0 à 58,49], notre gain est potentiellement illimité. Cependant, sachant que nous avons également vendu un deuxième contrat (celui précédemment cité) qui nous expose à une perte potentiellement illimitée dans le même intervalle, l'espérance de gain est donc nulle pour ces deux contrats, car ils s'annulent mutuellement dans l'intervalle [0 à 54].

3. Déterminons le bilan financier des deux contrats combinés. La prime d'abord : elle nous coûtera 1,51 - 0,01, soit 1,50 dollar. L'ensemble des flux est résumé dans le tableau ci-dessous.

| Valeur de Twitter | Revenus (en dollars) | Performance |
|---|---|---|
| [0 à 54] | 4,50 | 200 % |
| [54 à 58,50] | [0 à 4,50] | [0 % à 200 %] |
| [58,50 à 60] | [-1,50 à 0] | [-100 % à 0 %] |
| [60 à + ∞] | -1,50 | -100 % |

On peut constater que, pour une baisse de 10 % du sous-jacent (l'action de Twitter), on peut espérer une hausse allant jusqu'à 200 % de notre portefeuille d'options, et ce en étant protégé contre une éventuelle hausse du titre. L'avantage, par rapport à la vente à découvert de l'action Twitter, semble donc évident ici. Pour les mêmes raisons que précédemment, l'achat d'un *put spread* est plus avantageux que l'achat d'un *put* si l'on pense que la baisse de l'action Twitter va se situer dans l'intervalle [54 à 60].

La troisième stratégie de *spread* consiste en...

La **vente d'un *call spread***. Pour la réaliser, il faut acheter un *call* et vendre un autre *call* ayant un prix d'exercice plus faible dans le même intervalle de temps. La combinaison des deux contrats forme un *call spread* qualifié de baissier.

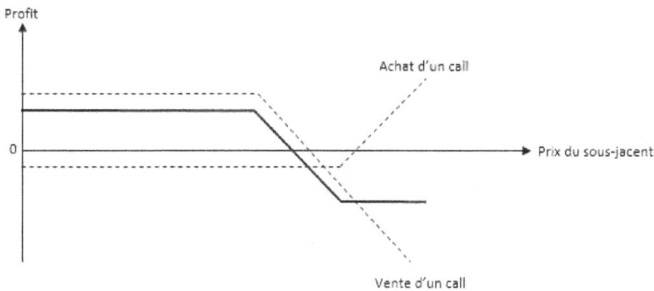

165

Et enfin, la quatrième catégorie de *spread* consiste en...

La **vente d'un *put spread***. Pour ce faire, il faut vendre un *put* et acheter un *put* à un prix d'exercice plus faible dans le même intervalle de temps. La combinaison des deux contrats forme un *put spread* qualifié de haussier.

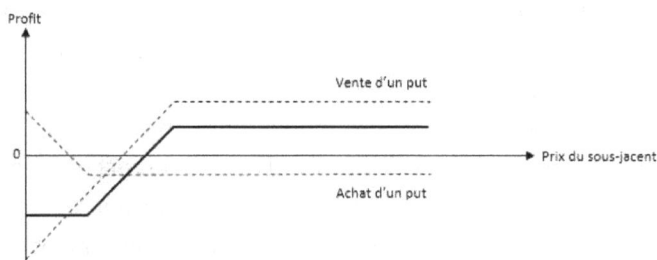

Nous allons maintenant aborder une stratégie plus complexe, car elle combine des *spreads* haussiers et des *spreads* baissiers pour créer ce que l'on appelle un *butterfly spread*.

## Les *butterfly spreads*

Un ***butterfly spread*** s'obtient en vendant deux *calls* à un prix d'exercice *K*, en achetant un *call* à un prix d'exercice de *K+e* et en achetant un autre *call* à un prix d'exercice *K-e*, *e* étant un réel positif. À noter que *K* est généralement proche du cours du sous-jacent. Naturellement, tous les *calls* doivent avoir la même date d'échéance et porter sur le même sous-jacent.

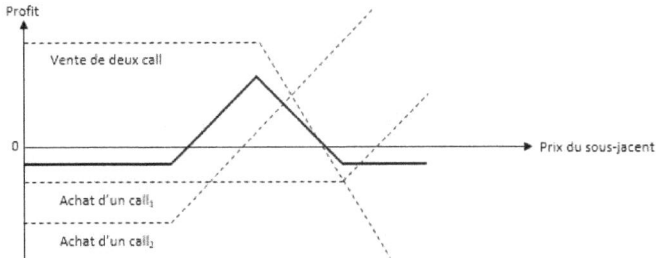

Profit

Vente de deux call

0                                                    Prix du sous-jacent

Achat d'un call₁

Achat d'un call₂

Exemple : reprenons l'action Facebook avec un cours à 80 dollars, un prix d'exercice $K$ de 80 dollars, un écart $e$ de 4 dollars, un taux d'intérêt de 4 %, une volatilité de 10 % et une durée de trois mois. Nous allons donc...

1.  Acheter un *call* ayant un prix d'exercice 84 dollars. La valeur de ce *call* est de 0,51 dollar d'après masterderivatives.com.
2.  Acheter un *call* ayant un prix d'exercice de 76 dollars. La valeur de ce *call* est de 4,96 dollars d'après notre site préféré.
3. Vendre deux *calls* ayant un prix d'exercice de 80 dollars. La valeur des *calls* est de 2,02 dollars chacun d'après la même source, ce qui nous fait un total de 2,02 x 2, soit 4,04 dollars.

En somme, notre *butterfly* nous coûtera 4,96 + 0,51 - 4,04 = 1,43 euro. Jetons maintenant un coup d'œil à nos performances en fonction des différents scénarios.

| Valeur de Facebook | Revenus (en dollars) | Performance |
|---|---|---|
| [0 à 76] | -1,43 | -100 % |
| [76 à 77,43] | [-1,43 à 0] | [-100 % à 0 %] |
| [77,43 à 80] | [0 à 2,57] | [0 % à 79,72 %] |
| [80 à 82,57] | [2,57 à 0] | [79,72 % à 0 %] |
| [82,57 à 84] | [0 à -1,43] | [0 % à -100 %] |
| [84 à + ∞] | -1,43 | -100 % |

On constate que moins on s'écarte du cours d'origine, plus la stratégie est profitable. C'est la raison pour laquelle le *butterfly* est davantage prisé quand on anticipe une faible volatilité du sous-jacent. Les indices sont notamment très appréciés pour ce type de stratégie, car ils sont, en général, moins volatils que les actions.

Cette stratégie peut également être réalisée avec des *puts*. On obtient cela en achetant deux *puts* à un prix d'exercice *K*, en vendant un *put* à un prix d'exercice de *K+e* et en vendant un autre *put* à un prix d'exercice *K-e*, *e* étant un réel positif.

# Les *straddles*

Un **long straddle** se construit par l'achat d'un *call* et d'un *put* ayant le même prix d'exercice. Les dates d'échéance et les sous-jacents des deux contrats doivent être identiques.

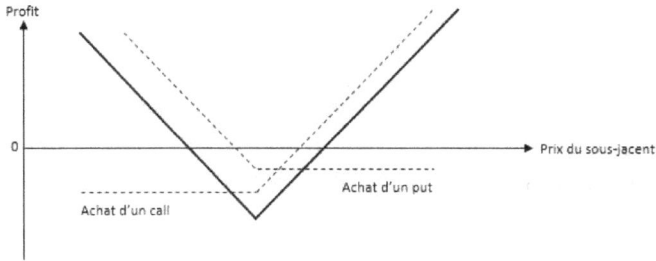

Illustrons cette combinaison avec un exemple. Pour cela, nous allons reprendre Twitter avec un cours *S* à 60 dollars. Achetons un *call* et un *put* au prix d'exercice *K* de 60 dollars, un taux d'intérêt *i* de 4 %, une volatilité *v* de 10 % et une échéance de trois mois.

Sur masterderivatives.com, on obtient pour le *call* un prix de 1,51 dollar et pour le *put* un prix de 0,92 dollar, soit un total de 2,43 dollars.

Calculons notre performance sur cet exemple.

| Valeur de Twitter | Revenus (en dollars) | Performance |
|---|---|---|
| [0 à 57,57] | [57,57 à 0] | [2 269 % à 0 %] |
| [57,57 à 60] | [0 à 2,43] | [0 % à -100 %] |
| [60 à 62,43] | [2,43 à 0] | [-100 % à 0 %] |
| [62,43 à + ∞] | [0 à + ∞] | [0 % à + ∞] |

On constate que l'espérance de gain augmente à mesure que l'on s'éloigne du prix d'exercice.

Cette stratégie est donc l'exacte opposée du *butterfly spread*, que nous avons abordé précédemment. En effet, le *long straddle* est privilégié quand on s'attend à une forte volatilité sur un cours, mais sans savoir si le cours évoluera à la hausse ou à la baisse. On peut rencontrer cette situation à l'approche d'une annonce importante (résultats financiers, décision de justice, OPA[18], etc.).

Un **short straddle** se construit par la vente d'un *call* et d'un *put* ayant le même prix d'exercice. Les dates d'échéance et les sous-jacents des deux contrats doivent être identiques.

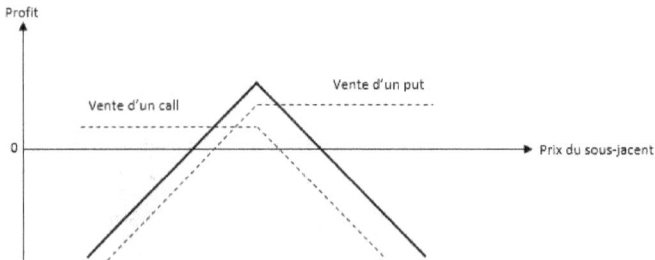

Contrairement à son pendant long, le *short straddle* est à privilégier en cas de faible volatilité, car son profil de gain est maximal au niveau du prix d'échéance. À ce prix, on encaisse les primes des deux contrats sans rien payer en contrepartie. En revanche, plus on s'éloigne du prix d'exercice, plus on est susceptible de devoir payer, et ce de façon illimitée à mesure que l'on s'éloigne du prix d'exercice.

Il existe d'autres variantes des *straddles*. Citons par exemple les *strips* et les *straps*.

Un **long strip** s'obtient en achetant un *call* et deux *puts* pour le même prix d'exercice et la même date d'échéance. Comme le *long straddle*, cette stratégie permet de jouer sur de fortes variations du cours, mais en anticipant davantage une baisse du cours.

---

[18] OPA : Offre publique d'achat (d'une entreprise)

Un **long strap** s'obtient en achetant deux *calls* et un *put* pour le même prix d'exercice et la même date d'échéance. Comme le *long straddle*, cette stratégie permet également de jouer sur de fortes variations du cours, mais en anticipant davantage une hausse du cours.

## Les *strangles*

Un **long strangle** est une stratégie consistant à acheter un *put* et un *call* ayant des prix d'exercice différents. Cependant, la date d'échéance et le sous-jacent doivent être identiques.

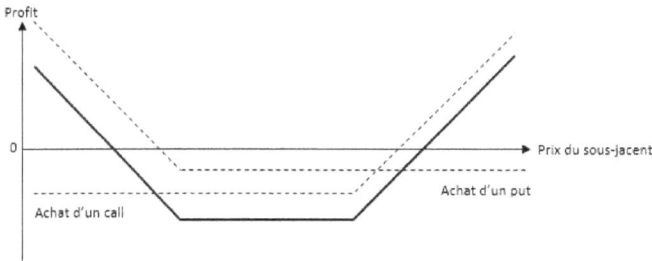

Illustrons cette stratégie avec un exemple. Si l'on reprend les données de l'exemple précédent, à savoir Twitter avec un cours $S$ à 60 dollars. Achetons un *call* à un prix d'exercice $K_1$ de 57,57 dollars et un *put* au prix d'exercice $K_2$ de 62,43 dollars, un taux d'intérêt $i$ de 4 %, une volatilité $v$ de 10 % et une échéance de trois mois. Les prix des options à $K_1$ et à $K_2$ sont respectivement de 0,23 dollar et de 0,52 dollar, soit un total de 0,75 dollar.

Voici la performance que l'on pourrait espérer.

| Valeur de Twitter | Revenus (en dollars) | Performance |
|---|---|---|
| [0 à 57,57] | [57,57 à 0] | [2 269 % à 0 %] |
| [56,82 à 57,57] | [0 à -0,75] | [0 % à -100 %] |
| [57,57 à 62,43] | -0,75 | -100 % |
| [62,43 à 68,18] | [-0,75 à 0] | [-100 % à 0 %] |
| [68,18 à + ∞] | [0 à + ∞] | [0 % à + ∞] |

On peut constater des similitudes avec le *long straddle*, car, dans les deux cas, l'espérance de gain augmente au fur et à mesure que l'on s'éloigne du centre (ici 60 dollars). Cependant, on a besoin d'une volatilité plus élevée pour un *strangle* que pour un *straddle*, afin d'atteindre la rentabilité. Mais le coût des contrats est plus abordable avec un *strangle* qu'avec un *straddle*.

Enfin, on a la stratégie **short strangle**, qui consiste en la vente d'un *put* et celle d'un *call* ayant des prix d'exercice différents. La date d'échéance et le sous-jacent doivent être identiques.

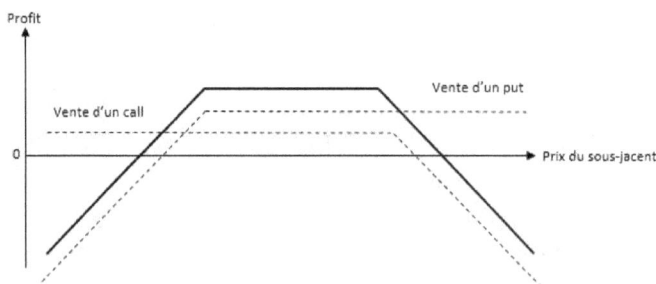

Après ce tour d'horizon des stratégies de *trading* d'options, nous allons, dans le chapitre suivant, nous pencher sur les principaux types d'options exotiques qui existent sur le marché.

# EXERCICES

## Exercice 15.1.

Quelles sont les quatre opérations de base qui peuvent être réalisées avec les options ? Représentez-les graphiquement.

## Exercice 15.2.

Comment définissez-vous un *covered call* ? Donnez-en un exemple sous la forme d'une représentation graphique.

## Exercice 15.3.

Comment réalise-t-on une stratégie de *spread* ? Citez quatre types de *spreads*.

## Exercice 15.4.

Comment définissez-vous un *butterfly spread* ? Donnez-en un exemple sous la forme d'une représentation graphique.

## Exercice 15.5.

À quoi correspond la figure ci-dessous ? Dans quel contexte de marché l'utilisation de cette stratégie est-elle recommandée ?

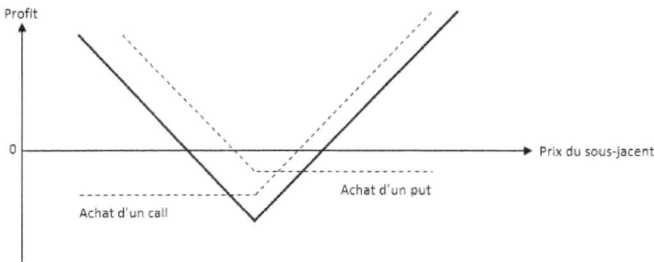

## Exercice 15.6.

Comment définissez-vous un *short strangle* ? Donnez-en un exemple sous la forme d'une représentation graphique. Dans quel contexte de marché l'utilisation de cette stratégie est-elle recommandée ?

# Chapitre XVI
# LES OPTIONS EXOTIQUES

- **Les options dépendantes de la trajectoire (*path-dependent options*)**
- **Les options à *payoff* modifié**
- **Les options dépendantes de la volatilité**
- **Les options dépendantes du temps**
- **Les options dépendantes de plusieurs sous-jacents**
- **Exercices**

Les options exotiques désignent les options qui ne sont ni des *calls* ni des *puts*. Du fait de cette définition, les types d'options entrant dans cette catégorie sont très nombreux. En réalité, la seule limite des types d'options exotiques est l'imagination, réputée très fertile, des ingénieurs financiers. À cause de cette extrême diversité, il n'est pas aisé de classer les options exotiques en catégories. La famille la plus connue des options exotiques est celle des options dépendantes de la trajectoire (*Path-dependent options*).

# Les options dépendantes de la trajectoire (*path-dependent options*)

Cette catégorie regroupe les options dont le résultat à l'échéance dépend de la trajectoire empruntée par ces dernières. On y retrouve les options barrières, les options asiatiques, les options *lookback* et les options *shout*.

### Options barrières

La barrière, ici, peut avoir deux rôles : celui d'activateur ou celui de désactivateur du contrat d'option. Quand la barrière a un rôle d'activateur, on parle d'option **knock-in**. À l'inverse, quand la barrière a un rôle désactivateur, on parle d'option **knock-out**.

Pour chaque contrat d'option barrière, on peut avoir quatre possibilités : une option **knock-in Up** pour une option à barrière activante à la hausse ; une option **knock-in Down** pour une option à barrière activante à la baisse ; une option **knock-out Up** pour une option à barrière désactivante à la hausse ; et enfin une option **knock-out Down** pour une option à barrière désactivante à la baisse.

Les options barrières sont plus risquées que les options classiques de mêmes caractéristiques. En effet, pour une option *knock-in,* le spéculateur court le risque que l'option ne s'active jamais jusqu'à l'échéance. Dans ce cas, ce dernier perd 100 % du premium qu'il a investi. Dans le cas d'une option *knock-out*, le spéculateur court le risque que l'option soit désactivée par la barrière avant l'échéance. Dans ce cas, ce dernier perd également 100 % du premium.

Il ne vous a pas échappé que ces risques ne sont pas présents dans le cas d'options classiques. En conséquence, le premium des options barrières est moins important que celui des options classiques. De plus, cela augmente l'effet de levier, car on dépense une somme moins importante pour bénéficier de la même performance du sous-jacent. Par exemple, supposons qu'une action cote 10 euros. Le premium d'une option classique est de 1 euro et celui d'une option barrière est de 0,90 euro. À l'échéance, le cours de l'action finit à 12 euros, soit une hausse de 20 %. Le détenteur de l'option classique a dépensé 1 euro et réalise un profit de 1 euro, soit une performance de 100 %. Le détenteur de l'option barrière, qui n'a dépensé que 0,90 euro, va lui aussi faire un profit de 1 euro, soit une performance de 111 %.

Cependant, il faut souligner que les courtiers de ce type de produits peuvent être tentés de parier contre leurs clients, car les options barrières sont facilement manipulables. C'est le cas notamment des **turbos.** En effet, il suffit, par exemple, de proposer des premiums très attractifs sur un *knock-out*, d'être en position de vendeur (et non de simple courtier), puis de faire un aller-retour[19] sur le sous-jacent avec une quantité importante de titres. Ainsi, les barrières des investisseurs les

---

[19] Un aller-retour désigne un ordre d'achat suivi d'un ordre de vente, ou inversement, dans un laps de temps très court.

plus exposés sont désactivées. Il ne reste plus au courtier qu'à se pencher pour ramasser les premiums...

Afin de se prémunir contre ces risques de manipulation, certains intervenants du marché ont eu l'idée d'utiliser la moyenne des prix du sous-jacent plutôt que le prix à l'échéance, pour déterminer la performance de l'option. C'est ainsi que sont apparues les options asiatiques.

## Les options asiatiques

Utilisées pour la première fois au début des années quatre-vingt à Tokyo (d'où leur nom), les options asiatiques sont rapidement devenues très populaires parmi les options exotiques. Une option asiatique fonctionne de la même manière qu'une option classique, à la différence près que sa performance est obtenue en faisant la différence entre son prix d'exercice et le prix moyen du sous-jacent pendant la durée de vie du contrat. Cette caractéristique a permis aux options asiatiques de séduire à la fois les entreprises et les opérateurs de marchés.

D'une part les entreprises, parce que, grâce à cet outil, les trésoriers des grands groupes pouvaient profiter de la puissance des options, tout en réduisant leur exposition à la volatilité du sous-jacent, avec, de surcroît, un investissement moindre. En effet, les options asiatiques réduisent l'amplitude des performances des options classiques. Elles sont, par conséquent, proposées à un prix lui aussi réduit.

D'autre part, les options asiatiques ont également séduit les opérateurs de marché. Comme nous l'avons évoqué précédemment, le fait de calculer la performance des options asiatiques en faisant la moyenne des prix du sous-jacent rend ce type d'options moins sujet à des manipulations de marché consistant à faire des allers-retours rapides sur une quantité importante de titres du sous-jacent.

Vous l'avez noté, les options asiatiques réduisent les avantages de la volatilité du sous-jacent et donc la performance de l'option. Cependant, comme vous vous en doutez, cela ne pouvait pas convenir à tous les intervenants du marché. Les spéculateurs en quête de profits maximaux ont par conséquent contribué à l'éclosion d'une autre variante de dérivés exotiques : les options *lookback*.

## Les options *lookback*

Une option *lookback* est une option dont le prix d'exercice est déterminé à partir du cours du sous-jacent le plus avantageux pour l'acheteur pendant la période de validité du contrat. En conséquence, le vendeur reçoit un premium plus élevé que celui d'une option classique équivalente.

Dans les faits, pour une option d'achat (*call*), le prix d'exercice choisi sera égal au prix du sous-jacent le plus bas pendant la durée de validité du contrat. À l'inverse, pour une option de vente (*put*), le prix d'exercice choisi sera égal au prix du sous-jacent le plus élevé pendant la durée de validité du contrat.

Il existe deux variantes d'options *lookback* : les options *lookback* à prix d'exercice variable et les options *lookback* à prix d'exercice fixe.

Les options *lookback* à prix d'exercice variable sont celles auxquelles nous avons fait allusion précédemment. Elles sont caractérisées par un prix d'exercice qui varie en fonction de l'évolution du cours du sous-jacent pendant la durée de vie du contrat. C'est finalement à l'échéance que le prix d'exercice est calculé.

Les options *lookback* à prix d'exercice fixe, quant à elles, ont un prix d'exercice fixé dès la signature du contrat. Cependant, le calcul de la performance du contrat sera réalisé non pas entre le prix d'exercice et le cours du sous-jacent à l'échéance, mais entre le prix d'exercice fixe et le cours le plus avantageux pour l'acheteur du contrat.

Pour l'achat d'un *call*, le prix le plus avantageux sera le prix le plus élevé du cours du sous-jacent pendant la durée de validité du contrat. À l'inverse, pour l'achat d'un *put*, c'est le prix le plus bas du sous-jacent, pendant la même période, qui sera choisi comme prix le plus avantageux.

Les options *lookback* sont très séduisantes sur le papier, mais le prix élevé de la prime à payer constitue l'inconvénient le plus important de cette famille d'options. Afin de réduire un peu la facture, les ingénieurs financiers ont donc planché sur une solution alternative, que nous développerons dans la section suivante.

## Les options *shout*

Une option *shout* ressemble en tout point à une option classique, à ceci près que son détenteur a, en plus des droits qu'offre une option classique, le droit de choisir le prix du sous-jacent qu'il juge le plus avantageux, et ce une seule fois avant la fin de validité du contrat. Le choix du prix du sous-jacent doit cependant être fait en temps réel et non *a posteriori*. Appelons $K$ le prix d'exercice, $S_f$ le cours du sous-jacent à l'échéance du contrat et $S_C$ le cours du sous-jacent choisi. Deux cas de figure inconnus jusqu'ici peuvent donc se présenter à l'échéance.

i. Le cours du sous-jacent $S_f$ finit en dessous du prix choisi $S_C$. Dans ce cas, c'est le prix choisi $S_C$ qui est utilisé pour calculer la performance du contrat[20].

ii. Le cours du sous-jacent $S_f$ finit au-dessus du prix choisi $S_C$. Dans ce cas, c'est le cours du sous-jacent $S_f$ qui est choisi. On revient donc à la situation d'un *call* classique.

Par exemple, prenons un contrat d'option *shout* trois mois, ayant un prix d'exercice de 100 euros et un cours initial également de 100 euros. Après deux mois, nous choisissons le cours de 120 euros. Si le sous-jacent termine à 110 euros, notre plus-value sera de 20 euros. Cependant, si le cours finit à 125 euros, notre plus-value sera de 25 euros. Notez que, pour des besoins de simplification, nous avons considéré le premium et les frais de transaction comme négligeables dans cet exemple.

Avec les options *lookback*, que nous avons évoquées précédemment, nous avons la garantie d'avoir le prix le plus avantageux pendant la durée du contrat. Avec les options *shout,* on n'a plus cette garantie. En effet, il n'y a aucune certitude que le prix choisi [i] ou le prix du sous-jacent à l'échéance [ii] (y compris quand celui-ci finit au-dessus du prix choisi) soient équivalents au cours maximal atteint par le sous-jacent pendant la durée de vie de l'option.

En revanche, l'option *shout* aura un prix plus élevé que celui d'une option classique, car il offre des droits supplémentaires.

---

[20] C'est le cours choisi *Sc* que l'on va utiliser en lieu et place du cours maximal, comme c'est le cas pour les options *lookback*, et à la place du cours final $S_f$ du sous-jacent, comme c'est le cas pour les options classiques.

En dehors de la trajectoire empruntée par une option, il existe d'autres aspects qui caractérisent les options exotiques. La modification du *payoff* est l'un de ces aspects, comme nous allons le voir dans la prochaine section.

# Les options à *payoff* modifié

La manière dont la performance économique (*payoff*) d'un contrat d'option est calculée peut être modifiée. Les types d'options les plus populaires de cette catégorie sont les options digitales.

### Les options digitales

Plus connues sous l'appellation « options binaires », elles sont caractérisées par le fait de réduire le *payoff* d'un contrat d'option à deux possibilités : la perte ou le gain d'un montant fixe (par exemple un euro).

*Les options binaires connaissent actuellement un fort engouement auprès du grand public. Cela est en grande partie dû à leur simplicité d'utilisation et à une barrière à l'entrée très basse (quelques centaines d'euros suffisent). Mais cela est surtout dû à des campagnes marketing agressives qui promettent à des investisseurs débutants des rendements dont les meilleurs professionnels n'oseraient même pas rêver... Évidemment, celui qui a le plus de chance de faire fortune, c'est le courtier. Ce dernier est généralement basé dans un paradis fiscal hors de tout contrôle et à l'abri d'éventuelles poursuites judiciaires. Gageons que les autorités de marché parviendront à s'attaquer efficacement à ce problème, car, au-delà des courtiers peu scrupuleux, il y en a certainement qui font correctement leur travail.*

Les options, comme nous l'avons vu, permettent de se prémunir contre les affres de la volatilité des marchés. Certains ont poussé la logique encore plus loin à travers les produits que nous allons analyser dans la section suivante.

# Les options dépendantes de la volatilité

Parce que les options classiques peuvent être limitées dans un contexte d'incertitude important, des options plus adaptées ont été imaginées. Nous développerons ici certaines d'entre elles, notamment les options choix et les options composées.

## Les options choix

Plus connues sous l'appellation *chooser options*, les options choix permettent à leur acquéreur de décider avant l'échéance, et pendant un laps de temps prédéterminé, s'il souhaite que son contrat soit un *put* ou un *call*. En général, le prix d'exercice du *call* et celui du *put* sont identiques.

Cette structure s'obtient en mettant en place un *straddle*, stratégie qui a été évoquée au chapitre précédent.

## Les options composées

Les options composées, ou *compound options* dans la terminologie anglo-saxonne, sont des options sur des options. On distingue quatre combinaisons d'options composées, qui peuvent être :

- un *call* sur un *call* ;
- un *put* sur un *put* ;

- un *call* sur un *put* ;
- un *put* sur un *call*.

Ces options ont deux dates d'échéance ainsi que deux prix d'exercice (un pour chaque contrat), tous prédéterminés à la signature du contrat. Ainsi, pour un *call* sur un *call*, on doit d'abord s'acquitter du premium du premier *call*. Cela nous donne le droit, à la date d'échéance et au prix d'exercice du premier *call*, d'acheter un deuxième *call*. La date d'échéance du deuxième *call* doit naturellement être ultérieure à la précédente date et le prix d'exercice sera généralement plus élevé que le précédent. Le deuxième *call* requiert de s'acquitter d'un deuxième premium payé à l'issue de l'échéance du premier *call*.

En plus de la volatilité, le temps peut également être un facteur de distinction parmi les options exotiques.

# Les options dépendantes du temps

Dans cette catégorie, on peut citer les options à départ différé.

## Les options à départ différé

Également appelées *forward start options*, les options à départ différé sont, comme leur nom l'indique, des options qui ne se déclenchent pas au moment de la signature du contrat, mais à une date future prédéterminée. À noter cependant qu'à la signature du contrat, le prix d'exercice n'est pas connu ; il sera déterminé ultérieurement, à une date indiquée dans le contrat.

Comme variante de cette stratégie, on a également les **options cliquet**. Ces dernières sont composées d'une option classique, suivie de plusieurs options à départ différé.

# Les options dépendantes de plusieurs sous-jacents

Dans cette famille, nous allons découvrir des types d'options ayant une dépendance avec deux ou plusieurs sous-jacents. On peut citer les options sur paniers et les options d'échange.

## Les options sur paniers

Les options sur paniers, ou *basket options*, sont des options pour lesquelles le sous-jacent est constitué de plusieurs actifs différents. Le panier d'actifs sous-jacent peut être composé de plusieurs devises, de plusieurs indices, des actions d'un secteur particulier, etc. Ceci peut, par exemple, permettre à une entreprise multinationale, exposée à différents risques de change, de se couvrir à moindre coût. En effet, se couvrir contre un panier d'actifs revient moins cher que de devoir se couvrir contre chaque actif individuellement.

## Les options d'échange

Une option d'échange est un contrat permettant à son détenteur d'échanger un actif contre un autre, dans un intervalle de temps et selon des conditions définies au départ. On peut échanger des monnaies, des taux d'intérêt, des actions, etc.

# EXERCICES

### Exercice 16.1.

Citez et décrivez quatre types d'options barrières différentes.

### Exercice 16.2.

À quoi les options asiatiques doivent-elles leur nom ? Quel est leur mode de fonctionnement ?

### Exercice 16.3.

Qu'est-ce qu'une option *lookback* ? Donnez-en deux variantes.

### Exercice 16.4.

Quelle est la différence entre une option classique et une option *shout* ? Quels sont les points forts et les points faibles d'une option *shout* par rapport à une option *lookback* ?

### Exercice 16.5.

Quel est l'autre nom des options digitales ? Donnez-en une définition.

### Exercice 16.6.

Qu'est-ce qu'une option composée ? Citez-en les quatre principales variantes.

### Exercice 16.7.

Qu'est-ce qu'une option panier ? En quoi peut-elle être utile à une entreprise multinationale ?

# *Cinquième partie*

# Risques de marché et risque de crédit

# Chapitre XVII
# LES RISQUES DE MARCHÉ

- La *Value at Risk* (VaR)
- Le *backtesting*
- Le *stress test*
- L'indice de volatilité
- Exercices

Quand on est impliqué dans une opération sur les marchés financiers, il y a trois issues possibles : le gain, la perte et l'équilibre. Le gain, c'est ce que recherchent généralement les traders. L'équilibre, quant à lui, peut intéresser certains intervenants, par exemple les trésoriers des grandes entreprises, qui préfèrent généralement se contenter des gains issus de l'activité commerciale de leurs entreprises. Cependant, ce que tout le monde veut absolument éviter, c'est la perte. Pour s'en prémunir, il convient de mettre en place une stratégie de gestion des risques de marché. En général, cette stratégie se résume à l'utilisation d'outils que nous allons présenter ici.

## La *Value at Risk* (VaR)

Il existe de nombreux outils de gestion des risques de marché. Par exemple, pour les options, il y a les grecques, que nous avons abordées précédemment. Si ces dernières permettent une mesure fine du risque, elles ont cependant plusieurs inconvénients. Comme vous le savez, les grecques sont au nombre de cinq, ce qui n'est pas idéal si l'on recherche une information synthétique. De plus, le calcul des grecques et leur interprétation ne sont pas nécessairement à la portée de tout le monde. Enfin, les grecques ne s'appliquent que pour les options. Or, les gestionnaires de portefeuilles (voire les dirigeants de banques) doivent en permanence réaliser des arbitrages sur des risques impliquant plusieurs types d'actifs financiers.

C'est ainsi que, pour répondre à tous ces besoins (synthèse, simplicité et versatilité), un nouvel outil a été popularisé au début des années 1990 par la banque américaine J.-P. Morgan : il s'agit de la *Value at Risk*, ou VaR. Rapidement adoptée par les autres banques, la VaR a été définitivement consacrée par les accords Bâle II et Solvabilité II, car le Comité y recommande son utilisation pour calculer les risques de marché. Bâle II, également appelé *Accord sur la convergence internationale de la mesure et des normes de fonds propres*, permet une couverture plus pertinente des risques bancaires. Solvabilité II est son équivalent pour les compagnies d'assurances.

La VaR est considérée comme la perte maximale à laquelle on s'expose pour une probabilité et un horizon de temps donnés. La VaR est très simple à interpréter, y compris par des non-financiers. Elle peut se présenter sous cette forme : « étant donné la volatilité actuelle du marché, la perte maximale de votre portefeuille au cours de cette journée est estimée à 15 000 euros, avec une probabilité de 99 %. »

Il existe plusieurs méthodes pour calculer la VaR. Les trois plus connues sont la méthode paramétrique, la méthode historique et la méthode de Monte-Carlo.

## Méthode paramétrique

Pour faciliter la compréhension de la méthode, partons de l'hypothèse que votre portefeuille ne comporte qu'un seul actif. Dans ce cas, déterminer la VaR revient à appliquer l'équation suivante.

$$\text{VaR} (X\%, N_j) = \sqrt{N} * M * Z_x * \sigma_j$$

Avec,
X% : l'intervalle de confiance que l'on recherche (généralement entre 95 % et 99 %)
N : nombre de jours
M : montant total de l'actif
$Z_x$ : valeur obtenue à partir de la table de la loi normale centrée réduite (1,65 pour 95 % et 2,33 pour 99 %)

191

$\sigma_j$: écart-type journalier qui matérialise la volatilité journalière. Pour l'obtenir à partir de la volatilité annuelle $\sigma_a$, il suffit d'appliquer la formule $\sigma_j = \sigma_a / \sqrt{252}$, en supposant qu'il y a 252 jours de cotation dans l'année.

Pour illustrer cette formule, supposons que vous avez un portefeuille constitué de plusieurs actions de la même entreprise, d'un montant total de 100 000 euros. Vous souhaitez connaître votre perte maximale sur les 10 prochains jours de Bourse avec une précision de 99 % et en supposant que la volatilité annuelle du titre est de 25 %. La VaR correspondante sera la suivante.

VaR (99%, $10_j$) = $\sqrt{10}$ * 100 000 * 2,33 * (0,25/$\sqrt{252}$ ) = 11 604 euros

Ce qui signifie que la perte maximale de votre portefeuille au cours des 10 prochains jours est estimée à 11 604 euros avec une probabilité 99 %.

Complexifions un peu plus notre modèle, en considérant cette fois un portefeuille composé de deux actifs. Dans ce cas, nous devons également prendre en compte le coefficient de corrélation $\rho$ qui existe entre les deux titres. Le coefficient de corrélation est un indice statistique permettant d'évaluer le degré de relation entre deux variables. Pour déterminer la VaR du portefeuille, il suffira alors de déterminer la VaR de chaque actif, comme nous l'avons vu ci-dessus, puis d'appliquer la formule suivante.

$$\text{VaR} = \sqrt{(VaR_1^2 + VaR_2^2 + (2 * \rho * VaR_1 * VaR_2))}$$

Prenons en exemple un portefeuille constitué de deux actions, dont une ayant un montant de 50 000 euros et une volatilité annuelle de 20 %, et une autre d'un montant de 50 000 euros dont la volatilité annuelle est de 30 %. Le coefficient de corrélation entre les deux actions est de 0,4. On souhaite connaître la perte maximale à laquelle on sera potentiellement exposé dans les 10 prochains jours avec une précision de 99 %.

$$\text{VaR}_1 \text{ (99\%, 10}_j\text{)} = \sqrt{10} * 50\ 000 * 2,33 * (0,20/\sqrt{252})$$
$$= 4\ 642 \text{ euros}$$

$$\text{VaR}_2 \text{ (99\%, 10}_j\text{)} = \sqrt{10} * 50\ 000 * 2,33 * (0,30/\sqrt{252})$$
$$= 6\ 962 \text{ euros}$$

$$\text{VaR}_P \text{ (99\%, 10}_j\text{)} = \sqrt{(4\ 642^2 + 6\ 962^2 + 2 * 0,4 * 4\ 642 * 6\ 962)}$$
$$= 9\ 791 \text{ euros}$$

On constate que le montant requis dans ce dernier cas, VaR$_P$ (avec P pour portefeuille), est de 9 791 euros, soit 1 813 euros de moins que la somme de VaR$_1$ et VaR$_2$. C'est le bénéfice de la diversification. Cela confirme l'adage bien connu des investisseurs qui préconise de ne pas mettre tous ses œufs dans le même panier.

Pour des portefeuilles composés de plus de deux titres différents, la même logique est appliquée, mais les calculs se font généralement à l'aide d'ordinateurs.

Bien que cette méthode soit assez populaire, car très pratique, elle présente quelques limites, la première étant qu'elle n'est pas adaptée à des actifs dont le profil de gain n'est pas linéaire, ce qui empêche de l'utiliser dans le cadre d'un portefeuille d'options. De plus, dans un souci de simplification, la VaR paramétrique se fonde sur l'hypothèse selon laquelle les données réelles obéissent à une distribution normale. Or, cela est parfois loin d'être le cas, notamment pour les événements très rares (également appelés « queues de distribution »). Pour toutes ces raisons, la VaR paramétrique cohabite avec d'autres méthodes, notamment la méthode historique.

## Méthode historique

Comme l'indique son nom, cette méthode est fondée sur un échantillonnage des données historiques des transactions d'un ou de plusieurs actifs. L'échantillonnage doit être à la fois suffisamment important afin d'être statistiquement significatif, et pas trop important afin de garder une certaine cohérence dans le jeu de données.

Venons-en au calcul de la VaR historique. Ce dernier s'effectue de la manière suivante : on commence par déterminer la taille de notre échantillon ; par exemple, les 600 derniers jours de cotation. Puis nous répertorions la performance journalière en euros du portefeuille durant cette période. Il s'agit ensuite de classer par ordre croissant les résultats obtenus. Ainsi, pour un intervalle de confiance de 99 %, la sixième plus mauvaise performance de la liste nous donne la valeur de notre VaR. Pourquoi la sixième ? Parce que 1 % de 600 vaut 6. De façon plus mathématique, on peut obtenir ce résultat en appliquant le calcul suivant : 600*(1-0,99 = 6.

À noter que ce calcul peut être facilité par un tableur. Sur Excel par exemple, on peut utiliser la fonction CENTILE avec pour arguments Matrice et K. La Matrice représente la plage de données de l'échantillon, ici nos 600 données. Et le $K$ représente le centile, compris entre 0 et 1 ; ici, il est de 0,01.

Pour finir, penchons-nous sur une autre méthode de détermination de la VaR, à savoir la méthode de Monte-Carlo.

## Méthode de Monte-Carlo

On parle également de simulation de Monte-Carlo, car il s'agit de simuler le comportement futur d'un actif d'après un très grand nombre de scénarios.

Concrètement, pour réaliser une simulation de Monte-Carlo sur un portefeuille d'actions, nous avons besoin de trois ingrédients : le prix de l'action, son taux de rentabilité espéré et sa volatilité. À noter que le taux de rentabilité espéré et la volatilité peuvent également être calculés à partir des données historiques de l'action. Comme taux de rentabilité, on prendra la moyenne des variations de l'action pendant une période prédéterminée. La volatilité, quant à elle, s'obtient par le calcul de l'écart-type des variations.

Une fois en possession du prix de l'action, du taux de rentabilité espéré et de la volatilité, il ne nous reste plus qu'à simuler les variations futures à partir du prix actuel de l'action. Pour cela, on utilise la formule suivante.

Variation du cours = Moyenne\*Temps\*Prix du cours + Écart-type\* Prix du cours \*V\*

Avec :
Moyenne : la moyenne des variations de l'actif
Temps : le temps exprimé en année(s)
Écart-type : l'écart-type des variations de l'actif
V : la variable normale centrée réduite, qui peut être générée automatiquement en combinant deux fonctions du tableur Excel de la manière suivante :

*V = LOI.NORMALE.STANDARD.INVERSE(ALEA()).*

Exemple : déterminons les trois premières variations d'une action dont le prix est de 20 euros, la rentabilité de 30 % et la volatilité de 20 %. À noter que, dans cet exemple, la périodicité est journalière.

| Cours | V | Variation du cours | Variation du cours en pourcentage |
|---|---|---|---|
| 20,00 | 0,913240511 | 0,25 | 1,27% |
| 20,25 | 1,482477697 | 0,40 | 1,96% |
| 20,65 | -1,189815517 | -0,28 | -1,34% |

Détaillons le calcul de la simulation des variations du cours. Pour la première ligne, commençons par déterminer les données.

Moyenne = 0,3
Temps = 1/252
Écart-type = 0,2
V = 0,913240511 (V étant une valeur générée de façon aléatoire)

Avec tous ces éléments en main, il ne nous reste plus qu'à réaliser le calcul.

Variation du cours $_{\#1}$ = 0,3 * (1/252) * 20 + 0,2 * 20 * 0,913240511 * $\sqrt{1/252}$ = 0,25 €[21]

Pour le calcul de la deuxième variation du cours, la variation précédente (à savoir 0,25 euro) est ajoutée au cours d'origine (soit 20 euros), ce qui fixe le nouveau cours à 20,25 euros.

---

[21] Attention, il s'agit ici d'un arrondi.

Variation du cours $_{\#2}$ = 0,3 * (1/252) * 20,25 + 0,2 * 20,25 * 1,482477697 * $\sqrt{1/252}$ = 0,40 €

Il ne reste plus qu'à réaliser l'opération un très grand nombre de fois, par exemple 600 fois, à faire un classement par ordre croissant des variations et à déterminer la VaR en fonction de l'intervalle de confiance souhaité, comme vu à la section précédente sur la VaR historique.

# Le *backtesting*

Nous avons analysé trois méthodes de calcul de la VaR, mais il en existe davantage. Malheureusement, toutes ces méthodes n'aboutissent pas toujours aux mêmes résultats. En effet, la VaR est souvent critiquée pour la pertinence de ses résultats. Afin de pallier cette anomalie, le Comité Bâle II a imposé le recours au *backtesting*.

Le *backtesting* permet de tester la pertinence d'un modèle en comparant les données anticipées par le modèle et les données observées dans la réalité. S'il ressort de cette analyse que le risque est trop sous-estimé par rapport à la réalité, le gestionnaire de risque devra faire évoluer son modèle de manière à ce que celui-ci aboutisse à un montant de provision plus important. À l'inverse, si le risque est surestimé, on pourra faire évoluer le modèle de manière à ce que celui-ci aboutisse à un montant de provision moins important.

# Le *stress test*

Un *stress test*, ou test de résistance, consiste à simuler une situation de crise dans un établissement financier. Pour ce faire, on considère des événements ayant une très faible probabilité de survenue, mais un impact très important sur la banque ou sur l'ensemble du marché (ex. : les attentats du 11 septembre 2001, la chute de la banque Lehman Brothers en 2008, etc.). L'objectif de la démarche est d'identifier des risques que l'on ne percevrait pas en période normale, afin de mettre en place les actions adéquates pour s'en prémunir.

# L'indice de volatilité

Dans l'optique d'avoir une vision globale sur le niveau de risque encouru par le marché, des chercheurs ont eu l'idée, dans les années 1980, d'introduire un indice de volatilité. En 1993, le *Chicago Board Options Exchange* a concrétisé cette idée en introduisant le *Volatility Index*, ou VIX. Cet indice est obtenu en faisant la moyenne des volatilités implicites des options de l'indice S&P 500. La volatilité implicite est une volatilité future qui peut être obtenue *via* la formule de Black and Scholes. En cela, elle s'oppose à la volatilité historique, qui est déduite des variations passées du cours d'un actif. Sachant qu'il s'appuie sur la volatilité implicite, le VIX reflète par conséquent le risque futur tel que le perçoivent les investisseurs.

# EXERCICES

## Exercice 17.1.

Donnez une définition de la VaR et citez les trois principales méthodes qui permettent de l'évaluer.

## Exercice 17.2.

En utilisant la VaR paramétrique, supposons que vous ayez un portefeuille constitué de plusieurs actions de la même entreprise d'un montant total de 500 000 euros. Vous souhaitez connaître votre perte maximale sur les cinq prochains jours de Bourse avec une précision de 99 % et en supposant que la volatilité annuelle du titre est de 22 %. Déterminez la VaR correspondante.

## Exercice 17.3.

Toujours avec la méthode de la VaR paramétrique, supposons que votre portefeuille soit constitué de deux actions, dont une d'un montant de 250 000 euros et une volatilité annuelle de 17 %, et une autre d'un montant de 250 000 euros et une volatilité annuelle de 27 %. Le coefficient de corrélation entre les deux actions est de 0,3.

1.  Déterminez la perte maximale $VaR_P$ (avec $P$ pour portefeuille) à laquelle vous serez exposé dans les cinq prochains jours avec une précision de 99 %.

2.  Comparez cette $VaR_P$ aux $VaR_1$ et $VaR_2$ des deux actions de votre portefeuille.

3.  Refaites le calcul de la $VaR_P$ avec un coefficient de corrélation de 1.

4.  Comparez cette $VaR_P$ aux $VaR_1$ et $VaR_2$ des deux actions de votre portefeuille.

## Exercice 17.4.

Quel est l'intérêt pour les banques de faire du *backtesting* ?

## Exercice 17.5.

Qu'est-ce qu'un *stress test* ?

## Exercice 17.6.

Qu'est-ce que le VIX ? Comment est-il calculé ?

# Chapitre XVIII
# LE RISQUE DE CRÉDIT

- **L'analyse financière**
- **La mesure du risque de crédit**
- **Exercices**

Qu'est-ce qu'un crédit ? C'est le prêt d'une somme d'argent d'une entité (par exemple une banque) à une autre (par exemple une entreprise). En général, ce prêt est assorti d'intérêts. Cependant, le risque et le crédit sont liés, car prêter de l'argent est par essence une activité risquée. Quand le prêt est accordé à une entreprise, le risque le plus important est la faillite. Dans ce cas, le bénéficiaire du prêt n'est plus en situation de pouvoir rembourser la totalité ou une partie du crédit. Néanmoins, entre une entreprise extrêmement profitable et une entreprise en situation de faillite, il y a autant de nuances que de niveaux de risques différents à prendre en compte par le prêteur. L'élément le plus important à considérer est la situation financière de l'entreprise. De plus, il est bon d'analyser également l'historique de cette situation financière. Cela peut permettre de déceler une tendance et donc l'évolution du niveau de risque. Enfin, des éléments microéconomiques, voire macroéconomiques, doivent aussi être pris en compte si l'on souhaite avoir une vision plus complète des risques qui pèsent sur l'entreprise.

## L'analyse financière

Il est très étonnant de constater que, dans toute la littérature sur les risques de crédit, presque aucun auteur n'évoque directement l'analyse financière. C'est pourtant le meilleur moyen d'évaluer le risque de crédit. Les banques y ont recours pour trancher des décisions d'octroi de crédit ou encore avant d'investir dans une entreprise. Les agences de notation y ont également recours pour évaluer les entreprises.

L'analyse financière permet de faire le diagnostic d'une entreprise, afin de déterminer son état de santé. Plus intéressant, une analyse financière, faite dans les règles de l'art, permet de faire des projections, en général très pertinentes, de la situation financière future d'une entreprise.

Réaliser l'analyse financière d'une entreprise commence en général par l'analyse de ses documents comptables. Il s'agit du bilan, du compte de résultat et du tableau de flux de trésorerie.

Les documents comptables fournissent des informations très utiles sur les aspects principaux de la santé d'une entreprise. Par exemple, le bilan nous renseigne aussi bien sur les capitaux propres de l'entreprise que sur ses dettes. Le compte de résultat nous informe sur le chiffre d'affaires obtenu par l'entreprise, mais aussi sur les bénéfices réalisés dans un intervalle de temps précis. Enfin, le tableau de flux de trésorerie nous permet de connaître la variation de la trésorerie de l'entreprise pendant une période de temps donnée. La trésorerie est elle-même constituée des actifs à court terme dont dispose l'entreprise. Cela inclut le cash, les dépôts à vue, ainsi que tout autre actif à court terme convertible rapidement en cash.

Il est également possible de croiser les chiffres issus de ces documents comptables, afin de réaliser des ratios financiers. Un ratio financier est simplement un quotient obtenu en divisant un chiffre financier par un autre. Par exemple, le bénéfice net divisé par le chiffre d'affaires est un ratio qui permet d'apprécier la marge bénéficiaire d'une entreprise. C'est l'un des ratios de profitabilité utilisé par les investisseurs. De plus, il existe d'autres types de ratios, comme les ratios d'activité, les ratios de liquidité, les ratios de solvabilité, les ratios boursiers, etc.

Bien que ces documents financiers et les ratios qui s'y rapportent permettent d'avoir une bonne appréciation de la situation financière d'une entreprise, il est possible d'en apprendre davantage en consultant l'historique de ces données, autrement dit les documents financiers des exercices comptables précédents. On pourra ainsi voir se dégager des tendances. Par exemple, un ratio d'endettement en baisse constante est un bon signe ☺. Un taux de marge nette en baisse constante est un mauvais signe ☹.

Une analyse microéconomique peut également venir compléter le tableau. Quelles sont les caractéristiques des entreprises de ce secteur d'activité ? L'entreprise a-t-elle des concurrents directs ou indirects ? Dans le cas où il existe des concurrents directs, réaliser une analyse de leurs comptes, de l'historique de ces derniers, ainsi que l'étude des ratios financiers peut permettre d'étoffer davantage une analyse ou de réaliser des projections plus réalistes.

Enfin, une analyse macroéconomique peut s'avérer utile pour réaliser des projections sur les entreprises les plus sensibles aux indicateurs macroéconomiques, comme les taux de change, les taux d'intérêt, l'inflation ou la consommation des ménages.

## La mesure du risque de crédit

On distingue deux types de mesures du risque de crédit : celles qui sont destinées à des fins privées et celles qui sont accessibles publiquement.

Toutes les entités qui prêtent de l'argent sous forme de crédit ou d'obligation s'intéressent au risque de crédit. Il en va de même pour les entités qui investissent d'importants capitaux à long terme sur le marché des actions. Parmi ces entités, on peut citer les banques, les fonds d'investissement ou encore les investisseurs institutionnels (fonds de pension ou assureurs), également appelés les « zinzins » dans le jargon financier. Toutes ces entités ont les moyens de réaliser leurs propres mesures du risque de crédit et ne se privent pas de le faire. Ce travail permet en général de compléter des mesures du risque de crédit disponibles auprès de l'ensemble des investisseurs.

Parmi les mesures publiques du risque de crédit, on peut citer celles des agences de notation et celles délivrées par les marchés financiers à travers les *spreads* de crédit.

Les **agences de notation** sont devenues incontournables sur le marché de la dette. Trois entreprises se partagent l'essentiel du marché mondial de la notation, créant un quasi-oligopole[22]. Ces entreprises sont, dans l'ordre d'importance des parts de marché, Standard & Poor's, Moody's et Fitch Ratings. Le rôle d'une agence de notation est d'évaluer le risque de non-remboursement d'un titre de dette émis par une entité. Ces entités sont en général des entreprises ou des États.

La majorité des agences de notation a vu le jour au début des années 1900. Pour gagner de l'argent, elles réalisaient des analyses financières et statistiques d'entreprises pour les revendre aux investisseurs. Rapidement, elles se sont imposées auprès de la communauté financière, tant et si bien que leur modèle économique s'est totalement modifié. Aujourd'hui, la plus grande part des revenus des agences de notation provient des sollicitations d'entreprises ou d'États souhaitant obtenir une note en vue d'une émission de dette sur les marchés.

---

[22] Oligopole : marché dans lequel il n'y a qu'un nombre très faible d'offreurs (vendeurs) et un nombre important de demandeurs (clients).

Il est cependant bon de rappeler que ce modèle économique fait désormais l'objet de vives critiques. En effet, les agences de notation sont dépendantes des montants que leur versent leurs clients. Et, dans le même temps, ces clients ont besoin des notes les plus élevées afin de pouvoir lever des sommes à la fois plus importantes et à un taux le plus bas possible. La tentation est donc grande pour les deux acteurs de négocier une entente à bénéfice réciproque. Malheureusement, cela se fait généralement au détriment des investisseurs. C'est un parfait exemple de conflit d'intérêts. Les agences de notation sont tiraillées entre leur rentabilité financière et leur mission première, qui est d'assurer la meilleure information possible aux investisseurs. Cependant, eu égard à leur position quasi oligopolistique, les agences de notation ont la possibilité de faire passer leurs intérêts financiers avant ceux des investisseurs, et ce en toute impunité.

Les agences de notation adoptent toutes un barème de notation qui peut varier d'une agence à l'autre. Voici un résumé des différentes notations utilisées par les principales agences.

| Moody's | Standard & Poor's | Fitch Rating | Description de la note |
|---|---|---|---|
| Aaa | AAA | AAA | Première qualité |
| Aa | AA | AA | Haute qualité |
| A | A | A | Qualité moyenne supérieure |
| Baa | BBB | BBB | Qualité moyenne inférieure |
| Ba | BB | BB | Spéculatif |
| B | B | B | Très spéculatif |
| Caa | CCC | CCC | Ultra spéculatif |
| Ca | CC | CC | En défaut partiel |
| C | D | DDD | En défaut |

Dans le tableau ci-dessus, on peut distinguer deux catégories de notes. Lorsqu'une dette est notée entre AAA et BBB, elle est qualifiée d'***Investment Grade***, c'est-à-dire un investissement sûr et faiblement rémunéré. Ce type d'actif est généralement destiné à des investissements à long terme. Entre BB et DDD, on parle de ***Speculative Grade***. Les émissions de cette dernière catégorie sont mieux adaptées à des investissements à court terme. Quand ces dettes sont des obligations, on parle également de *high-yield bond* (obligation à haut rendement) ou encore de *Junk bond* (obligation de mauvaise qualité).

Comme nous l'avons évoqué, la mesure du risque de crédit peut également se faire à travers les *spreads* de crédit.

Les ***spreads* de crédit** sont d'excellents compléments à la mesure du risque de crédit proposée par les agences de notation. En français, un *spread* désigne un écart. Un *spread* de crédit est donc la différence de taux qui existe entre le taux d'une dette donnée et un taux de référence. Ce taux de référence peut être un taux sans risque, autrement dit un taux sur une dette souveraine. Mais, plus généralement, ce sont les taux EURIBOR (pour l'euro) ou LIBOR (pour le dollar) qui sont utilisés comme taux de référence.

En fonction des conditions de marché, et notamment du risque de crédit tel que perçu par les investisseurs, l'écart entre le taux de référence et le taux d'une obligation donnée va augmenter ou diminuer. Quand le marché juge que le risque de crédit augmente, l'écart de taux augmente également entre le taux de cette obligation et le taux de référence, car les investisseurs demanderont une rémunération plus élevée sur la dette de l'entité en question. En revanche, si le marché juge que le risque de crédit diminue, l'écart de taux entre le taux de l'obligation et le taux de référence aura tendance à diminuer lui aussi.

Les *spreads* de crédit permettent donc d'avoir une mesure du risque de crédit assez pertinente. Et cela tombe bien, car de plus en plus de produits dits « dérivés de crédit » ont été développés durant ces vingt dernières années. Nous allons les découvrir au chapitre suivant !

# EXERCICES

## Exercice 18.1.

Quels sont les trois principaux documents comptables utilisés pour analyser la situation financière d'une entreprise ?

## Exercice 18.2.

Quel est le rôle d'une agence de notation ? Citez les noms de trois plus importantes agences de notation.

## Exercice 18.3.

Quel est le modèle économique actuel des agences de notation ? Pourquoi ce modèle économique est-il aussi critiqué ?

## Exercice 18.4.

Qu'est-ce qu'une dette *investment grade* ?

## Exercice 18.5.

Qu'est-ce qu'un *spread* de crédit ? En quoi est-il un indicateur pertinent du risque de crédit ?

# *Sixième partie*
# Dérivés de crédit

Au début des années 1990, les *futures*, les *swaps* et les options permettent de se protéger contre les risques de marché. Cependant, aucun de ces produits dérivés ne permet de se protéger convenablement contre le risque de crédit. Or, pour les banques, le risque de crédit est désormais une préoccupation majeure. En effet, en 1988, l'accord Bâle I est mis en place sous l'égide de la banque centrale des banques centrales, à savoir la Banque des règlements internationaux. L'accord prévoit notamment d'imposer un ratio de fonds propres réglementaires d'au moins 8 % sur l'ensemble des engagements de crédit de chaque banque. L'effort déployé par les ingénieurs financiers pour contourner cette « contrainte » aboutira aux produits dérivés de crédit. Ces derniers permettent en effet aux banques de transférer le risque de crédit aux investisseurs, et donc de libérer des fonds propres. Les deux produits dérivés les plus importants sont les *Asset Backed Security* (ABS) et les *Credit Default Swap* (CDS). La principale différence entre ces deux produits réside dans le fait qu'un CDS est un dérivé de crédit sur un seul actif (ex. : une obligation), tandis qu'un ABS est généralement adossé à un *pool* d'actifs (ex. : des crédits immobiliers).

# Chapitre XIX
## *ASSET-BACKED SECURITY* OU ABS

- *Collateralized Debt Obligation* (CDO)
- *Collateralized Bond Obligation* (CBO)
- *Collateralized Loan Obligation* (CLO)
- *Collateralized Mortgage Obligation* (CMO)
- Mécanisme de la titrisation
- Exercices

Avant d'aborder les ABS, il est important de connaître le concept de la **titrisation**. La titrisation, *securitization* en anglais, est un montage financier consistant généralement à regrouper des actifs peu ou pas liquides, afin de créer de nouveaux produits négociables et attractifs pour les investisseurs, et ce en passant par une société *ad hoc* (ex. : un *Asset Backed Security*). Une vision simplifiée du montage peut être résumée par la formule ci-dessous.

**Actifs A (actifs peu ou pas liquides) + titrisation = actifs B (ABS)**

# *Collateralized Debt Obligation (CDO)*

Les actifs A peuvent par exemple être des créances bancaires (des dettes contractées par les clients de la banque) ou des obligations émises par des entreprises. La titrisation permet d'obtenir ici des ABS bien spécifiques, que l'on désigne par le terme *collateralized debt obligation* (CDO).

**Actifs A (créances bancaires ou obligations) + titrisation = actifs B (CDO)**

On peut donc distinguer deux familles de CDO : les *Collateralized Bond Obligation* (CBO), issus des obligations, et les *Collateralized Loan Obligation* (CLO), issus des créances bancaires.

# Collateralized Bond Obligation (CBO)

Quand les actifs A sont des obligations émises par des entreprises, on parle de *Collateralized Bond Obligation* (CBO). Il s'agit généralement d'obligations risquées (*Junk bonds*). Ces obligations ont, dans la majorité des cas, une liquidité réduite. De plus, les entreprises émettrices de ces obligations sont contraintes d'offrir une forte rémunération au marché (taux d'intérêt élevés), afin de pouvoir accéder au financement dont elles ont besoin.

Pour améliorer la situation (et surtout trouver de nouveaux débouchés commerciaux), les banques ont eu l'idée de regrouper ces *junk bonds* afin d'en réduire le risque global grâce aux bienfaits de la diversification. Ensuite, elles ont associé les agences de notation au processus. À travers une notation *investment grade*, les agences de notation ont ainsi contribué à crédibiliser ce nouveau produit, rebaptisé *Collateralized Bond Obligation* (CBO).

Les entreprises pouvaient ainsi avoir accès à un financement plus abondant et bon marché. Les investisseurs pouvaient avoir accès à un instrument à la fois sûr (car noté *investment grade*) et rentable (car offrant une rémunération plus élevée que des obligations sur les dettes souveraines). Les banques prélevaient des commissions élevées pour le montage financier et les agences de notation encaissaient de confortables bénéfices en échange de leur coopération. En un mot, tout le monde était content ! Enfin ça, c'était avant 2007 et la crise des *subprimes*, qui a mis en évidence les limites du système. Dans ce cas, on peut résumer la formule comme suit.

**Actifs A (obligations) + titrisation = actifs B (CBO)**

# *Collateralized Loan Obligation* (CLO)

L'autre catégorie de CDO est obtenue quand les actifs A sont des créances bancaires. On parle de *Collateralized Loan Obligation* (CLO). Qu'est-ce qu'une créance ? Quand vous empruntez de l'argent à votre banque pour acheter une maison, de votre point de vue, il s'agit d'une dette. Mais du point de vue de votre banque, il s'agit d'une créance. Une banque possède donc en général beaucoup de créances, car elle prête aussi bien aux particuliers (crédit à la consommation, crédit immobilier) qu'aux entreprises (avance de trésorerie, crédit d'investissement).

Cependant, prêter de l'argent n'a pas que des avantages. Il y a notamment deux inconvénients, qui sont d'ailleurs liés, à savoir le risque de non-remboursement du prêt (le risque de crédit) et le respect des obligations de réserve (un ratio de fonds propre supérieur à 10 % des crédits octroyés par la banque). Or, les dérivés de crédit et, pour notre cas, les CLO permettent d'apporter une solution aux deux problèmes. En effet, quand une banque réalise un CLO sur un ensemble de crédits, ces derniers ne sont plus soumis à l'obligation de réserve, car le risque de crédit est transféré aux investisseurs. La banque peut donc récupérer l'argent mis en réserve pour garantir ces crédits. Notre formule, quand les actifs A sont des créances bancaires, est la suivante.

**Actifs A (créances bancaires) + titrisation = actifs B (CLO)**

# *Collateralized Mortgage Obligation* (CMO)

Pour finir, quand ces créances bancaires sont des créances hypothécaires (créances issues de prêts immobiliers), on a des CLO spécifiques, que l'on nomme *Collateralized Mortgage Obligation* (CMO). Dans ce cas, la banque identifie les créances hypothécaires les plus risquées. Comme leur remboursement est incertain, la banque a accordé les prêts moyennant un taux d'intérêt élevé, par exemple 8 %. Toutes ces créances sont regroupées pour créer un nouveau produit : un CMO. Par exemple, 10 créances de 100 000 euros chacune. Ce regroupement a notamment l'avantage de réduire le risque de crédit grâce au miracle de la diversification. Il ne reste plus que le tampon *investment grade* d'une bonne agence de notation et le produit sera prêt à être mis sur le marché.

Supposons que ce CMO d'une valeur d'un million d'euros soit mis sur le marché à un taux de 6 %. Les investisseurs vont naturellement se précipiter sur cette obligation notée *investment grade*, mais offrant une rémunération plus attractive que des obligations *investment grade* classiques. Supposons que la banque, en tant qu'intermédiaire, s'octroie les 2 % de différence entre le taux payé par les particuliers et celui offert aux investisseurs. Mieux, elle récupère les 10 % d'un million d'euros (100 000 euros) dédiés au ratio de fonds propres qui n'ont plus lieu d'être, car la banque ne porte plus le risque de crédit sur ces créances. L'agence de notation y trouve également son compte. De plus, le particulier ayant de faibles revenus peut enfin obtenir un crédit pour acheter une maison ; un crédit qu'il n'aurait sans doute pas obtenu sans les CMO.

Mais, pour que cela fonctionne, l'emprunteur, considéré à risque par les banques, devra payer des intérêts plus élevés que si l'emprunt avait été fait à un particulier ayant une bonne solvabilité. Ce surcroît d'intérêts payés se nomme en anglais la *subprime*, d'où le nom de la crise qui a débuté en 2007 aux États-Unis. Notre formule, dans ce cas, est la suivante.

**Actifs A (créances hypothécaires) + titrisation = actifs B (CMO)**

# Mécanisme de la titrisation

Nous avons fait un petit tour d'horizon des actifs utilisés pour la titrisation. Intéressons-nous maintenant à la titrisation en elle-même. Le mécanisme de la titrisation est le suivant : on regroupe des actifs de même nature que l'on souhaite « titriser », autrement dit on souhaite rendre ces actifs plus facilement échangeables sur les marchés financiers.

On crée pour l'occasion une structure juridique indépendante de la banque. Cette structure est appelée *Special Purpose Vehicle* (SPV). On vend ensuite à cette structure le *pool* d'actifs qui fait l'objet de la titrisation.

C'est cette structure qui va proposer aux investisseurs des parts de CMO, dans le cas de créances hypothécaires. La SPV peut proposer des parts de CMO identiques aux investisseurs. Cependant, pour contenter le plus grand nombre, ces parts sont généralement structurées en types de produits différents. Au moins trois types de produits (on parle de tranches) sont généralement proposés. Une tranche *senior,* une tranche *mezzanine* et une tranche *equity*. La tranche *senior* est en général très bien notée (AAA) et sera proposée en majorité aux investisseurs (env. 75 % des CMO). La tranche *mezzanine* aura une note intermédiaire et on en proposera également un peu aux investisseurs (env. 20 %). Et enfin, la tranche *equity*, la plus risquée, sera proposée à un public beaucoup plus restreint (env. 5 %).

Pour résumer, on peut réécrire notre précédente formule à la lumière des nouveaux éléments que nous avons.

**Actifs A (créances hypothécaires) + SPV = actifs B (CMO tranches *senior, mezzanine, equity*)**

Nous allons maintenant aborder l'autre grande famille de produits dérivés de crédit, à savoir les *swaps* de défauts, plus couramment appelés *Credit Default Swap* (CDS).

# EXERCICES

### Exercice 19.1.
Qu'est-ce qu'un CDO ?

### Exercice 19.2.
Qu'est-ce qu'un CBO ?

### Exercice 19.3.
Qu'est-ce qu'un CLO ?

### Exercice 19.4.
Qu'est-ce qu'un CMO ?

### Exercice 19.5.
Expliquez le mécanisme de la titrisation.

# Chapitre XX
# *CREDIT DEFAULT SWAP* OU CDS

- **Caractéristiques d'un contrat CDS**
- **Évaluation de la prime d'un CDS**
- **Exercices**

Les CDS sont les produits dérivés de crédit les plus populaires. Un CDS permet à son acheteur de se protéger contre le risque de défaut. En contrepartie, ce dernier paie une prime périodique au vendeur de la protection. Un CDS repose principalement sur un contrat bien défini, ainsi que sur une évaluation équitable du montant de la prime que l'acheteur du CDS devra payer au vendeur. Ces deux points feront l'objet des deux principales sections de ce chapitre.

# Caractéristiques d'un contrat CDS

Un contrat CDS doit au minimum mentionner l'entité de référence, l'acheteur, le vendeur, le nominal, la durée du contrat, les événements de crédit, les modalités de règlement et le montant de la prime.

### L'entité de référence
C'est l'entité qui émet la dette. Cela peut, par exemple, être une entreprise multinationale ayant plusieurs filiales. Dans ce cas, il est crucial de mentionner la bonne entité dans le contrat.

### L'acheteur
Il s'agit de l'acheteur du contrat CDS, en d'autres termes, de l'acheteur de la protection. En général, les acheteurs de CDS sont des banques. Elles peuvent souhaiter se couvrir contre le risque de défaut d'une entité de référence sur un crédit qu'elles ont accordé ou sur une obligation qu'elles ont souscrite. Il est cependant important de noter qu'il n'est nul besoin d'avoir préalablement accordé un crédit ou souscrit une obligation de l'entité de référence pour pouvoir être acheteur ou vendeur d'un CDS.

## Le vendeur

Naturellement, on parle ici du vendeur de CDS ou du vendeur de la protection. Dans cette position, on retrouve majoritairement des compagnies d'assurances ou de réassurance.

## Le nominal

C'est la somme globale couverte par le contrat CDS. La devise du nominal doit également être mentionnée.

## La durée

C'est l'intervalle de temps entre la date d'initiation (ou de signature) du contrat et la date d'échéance du contrat. Il est généralement de 5 ans dans les contrats CDS, mais on trouve également des durées plus ou moins importantes.

## Les modalités de règlement

Les deux principales modalités de règlement sont le règlement physique et le règlement en cash.

- Le règlement physique est le plus répandu. Son mécanisme est le suivant. Une fois le défaut constaté, l'acheteur de la protection livre au vendeur une quantité de titres prédéterminée dans le contrat. Le vendeur, en revanche, règle à l'acheteur un montant équivalent au nominal du CDS.

- Dans le cas du règlement en cash, il est réalisé lorsque l'acheteur de la protection ne possède pas les actifs de l'entité de référence. Ici, le vendeur du CDS règle un montant équivalent au nominal, déduit de la valeur de l'actif de référence au moment du défaut.

On peut constater que, dans les deux cas, l'acheteur du CDS est protégé contre la baisse de la valeur de l'actif de référence.

### Les événements de crédit

On parle également d'aléas de crédit. Il s'agit de la partie d'un contrat CDS la plus sujette à des litiges. Cependant, l'ISDA a fait beaucoup d'efforts pour couvrir le maximum de possibilités, dont les principales sont la faillite de l'entité de référence, un défaut de paiement ou la restructuration de la dette (sous certaines conditions).

Nous avons passé en revue les principales caractéristiques d'un contrat CDS, à l'exception du montant de la prime. Et cela tombe bien, car c'est justement l'objet de notre prochaine section !

# Évaluation de la prime d'un CDS

La prime d'un CDS, ou *spread*, est le montant qui est payé périodiquement par l'acheteur du CDS, afin que ce dernier puisse bénéficier de la protection offerte par le CDS et que, dans le même temps, le vendeur y trouve également son compte. Le montant de cette prime est par conséquent fonction de la durée de la protection, du nominal, du taux d'intérêt sans risque (taux LIBOR ou EURIBOR), de la probabilité de défaut de l'entité de référence et du taux de recouvrement de l'actif de référence. Nous allons aborder chacune de ces notions, ainsi que la manière dont elles interviennent dans le calcul de la prime.

## Les probabilités conditionnelles et non conditionnelles

En préambule, il est utile de clarifier la notion de probabilité conditionnelle. Au jeu de pile ou face, on sait que l'on a une chance sur deux d'obtenir pile ou face lors du premier lancer. Mais lors du deuxième lancer, quelle est cette fois la probabilité ? La bonne réponse est : cela dépend ! En effet, la réponse ne sera pas la même si l'on considère la probabilité conditionnelle ou si, au contraire, on considère la probabilité non conditionnelle. En ce qui concerne la probabilité non conditionnelle, on sait qu'à chaque lancer, la probabilité est toujours la même, à savoir ½. En revanche, si l'on souhaite avoir pile deux fois d'affilée, il s'agit cette fois d'une probabilité conditionnelle. Et cette probabilité est de ¼, soit ½ * ½.

## Les probabilités de défaut et de survie

La probabilité de défaut non conditionnelle (PD) à un an est généralement estimée par les agences de notation (ex. : PD = 0,03). Avec cette unique donnée, on peut déduire que la probabilité de survie à un an de l'entreprise est PS = 0,97 en faisant un calcul simple :

$$PS = (1 - PD)^1$$
$$PS = (1 - 0,03)^1$$
$$PS = 0,97$$

Année 2 : avec ces deux données, on peut déduire la probabilité de défaut de l'année suivante. Nommons-la $PD_2$. Cette probabilité sera égale à la probabilité de défaut de l'année précédente, multipliée par la probabilité de survie de l'année initiale (97 %). Par conséquent, $PD_2$ vaut 0,03 * 0,97 = 0,0291. La probabilité de survie est quant à elle égale à :

$$PS_2 = (1 - 0,03)^2$$
$$PS_2 = 0,97^2$$
$$PS_2 = 0,9409$$

Année 3 : calculons maintenant la probabilité de défaut de la troisième année ($PD_3$) par le produit de la probabilité de défaut de l'année précédente (0,0291) et la probabilité de survie de l'année initiale (97 %). $PD_3$ vaut donc 0,0291 * 0,97 = 0,028227. La probabilité de survie est quant à elle égale à :

$$PS_3 = (1 - 0,03)^3 = 0,97^3$$
$$PS_3 = 0,912673$$

Et ainsi de suite pour chaque année que compte le contrat CDS. Sur le site masterderivatives.com, il est possible de générer une telle simulation. Voici ce que l'on obtient comme probabilités de défaut (PD) et de survie (PS) pour un CDS à 5 ans, dont la probabilité de défaut à un an est de 0,03.

| Years | PD* | PS* |
|---|---|---|
| 1 | 0.03 | 0.97 |
| 2 | 0.0291 | 0.9409 |
| 3 | 0.028227 | 0.912673 |
| 4 | 0.02738019 | 0.88529281 |
| 5 | 0.0265587843 | 0.8587340257 |

## Taux de recouvrement

Comme nous l'avons vu précédemment, quand une entreprise fait faillite, la valeur de cette dernière n'est généralement pas nulle. En effet, les entreprises possèdent des actifs qui peuvent être revendus, afin de pouvoir indemniser les employés ou les créanciers. Ces actifs peuvent être matériels (siège de l'entreprise, agences, machines, stocks, etc.) ou immatériels (brevet, marque, base de données, programme, licence, etc.). Le taux de recouvrement peut donc se définir comme étant le pourcentage de dette récupéré par les créanciers après le défaut d'un emprunteur. Prenons l'exemple d'une entreprise ayant une dette d'une valeur de 100 millions d'euros. À la suite d'une faillite, les actifs de cette entreprise sont revendus pour un total de 40 millions d'euros. On dit que le taux de recouvrement de cet actif est de 40 %. Par conséquent, la perte de valeur de la dette de l'entreprise, ou *Loss Given Default* (LGD), est de 60 millions d'euros.

À noter que, par convention, le taux de recouvrement généralement utilisé dans les calculs est de 40 %, car il s'agit du taux de recouvrement moyen observé aux États-Unis, d'après les données de l'agence de notation Moody's.

## Valeur actuelle de la jambe fixe

Par convention, nous allons considérer les probabilités que nous avons calculées précédemment comme des flux financiers sur un contrat CDS de nominal 1 euro. Or, on voit que toutes les données du tableau précédent correspondent à des flux financiers futurs qui auront lieu dans un, deux, voire cinq ans. Il nous faut donc actualiser ces flux futurs, c'est-à-dire déterminer leur valeur à la date d'aujourd'hui. Pour cela, on applique simplement la formule d'actualisation suivante : $PS * e^{-r.t}$, avec un taux d'intérêt sans risque de $r$ et le temps $t$ en années. Si l'on actualise le flux correspondant à la probabilité de survie de la première année, pour un taux d'intérêt de 5 %, on a :

Valeur actuelle de la jambe fixe (1$^{re}$ année) = $0,97 * e^{-0,05.1}$ = 0,922692542.

Pour la deuxième année, le calcul est le suivant :
Valeur actuelle de la jambe fixe (2$^e$ année) = 0,9409 * $e^{-0,05.2}$
= 0,851361527.

Pour l'ensemble des flux, reportons-nous au simulateur de masterderivatives.com.

| Years | PD* | PS* | PV fixed leg* |
|-------|-----|-----|---------------|
| 1 | 0.03 | 0.97 | 0.92269254176569 |
| 2 | 0.0291 | 0.9409 | 0.85136152663003 |
| 3 | 0.028227 | 0.912673 | 0.78554493096779 |
| 4 | 0.02738019 | 0.88529281 | 0.72481644902582 |
| 5 | 0.0265587843 | 0.8587340257 | 0.66878273166522 |

## Valeur actuelle de la jambe variable

Cette fois, nous allons actualiser les flux financiers correspondant à la probabilité de défaut. Dans ce calcul, nous allons également intégrer le taux de recouvrement. En somme, la valeur actuelle de la jambe fixe sera obtenue par le biais de la formule suivante : PD * (1-TR) * $e^{-r.t}$. Pour la première année, et avec un taux de recouvrement TR de 30 %, cela correspond à :

Valeur actuelle de la jambe variable (1$^{re}$ année) = 0,03 * (1 - 0,3) * $e^{-0,05.1}$ = 0,019975818.

Pour la deuxième année, le calcul est le suivant :

Valeur actuelle de la jambe variable (2$^e$ année) = 0,0291 * (1 - 0,3) * $e^{-0,05.2}$ = 0,018431538.

Pour l'ensemble des flux, le simulateur de masterderivatives.com nous indique les chiffres suivants.

| Years | PD* | PS* | PV fixed leg* | PV floating leg* |
|---|---|---|---|---|
| 1 | 0.03 | 0.97 | 0.92269254176569 | 0.019975817914515 |
| 2 | 0.0291 | 0.9409 | 0.85136152663003 | 0.018431538205392 |
| 3 | 0.028227 | 0.912673 | 0.78554493096779 | 0.017006642835385 |
| 4 | 0.02738019 | 0.88529281 | 0.72481644902582 | 0.015691902504683 |
| 5 | 0.0265587843 | 0.8587340257 | 0.66878273166522 | 0.014478801407185 |

L'étape suivante consiste simplement à additionner les flux de chaque jambe. Ici, la somme des flux futurs de la jambe fixe va nous donner : $3.9531981800546$ .

De même, on va additionner les flux de la jambe variable pour obtenir : $0.08558470286716$ .

On peut alors déterminer le *spread* du CDS, qui s'obtient simplement en divisant la somme de flux de la jambe variable par la somme de flux de la jambe fixe.

*Spread* du CDS $= 0.08558470286716 \Big/ 3.9531981800546$

*Spread* du CDS $= 0.021649484536082$

N.B. Pour des raisons de commodité, les opérateurs de marché expriment le *spread* du CDS en points de base, soit la valeur du *spread* multiplié par dix mille. Dans notre cas, le *spread* est donc de **216**,49485 points de base.

L'usage des points de base est aussi une astuce pour faciliter le calcul mental de la prime du CDS. En réalité, le calcul du *spread* de CDS tel que nous l'avons effectué ne se limite pas à l'obtention du chiffre 0,021649484536082. Dans notre calcul, nous sommes partis de l'hypothèse que notre contrat CDS a un nominal de 1 euro. Or, dans la pratique, personne ne fait de contrat CDS pour un montant de 1 euro. En revanche, la majorité des contrats ont un nominal de 10 millions d'euros[23]. Pour obtenir le *spread* d'un véritable contrat CDS, il suffit de multiplier le *spread* par 10 millions, ce qui nous donne un montant de **216** 494,85 euros. On retrouve notre 216, soit le *spread* en points de base.

Tous ces calculs sont effectués automatiquement par le simulateur de masterderivatives.com.

| Years | PD* | PS* | PV fixed leg* | PV floating leg* |
|---|---|---|---|---|
| 1 | 0.03 | 0.97 | 0.92269254176569 | 0.019975817914515 |
| 2 | 0.0291 | 0.9409 | 0.85136152663003 | 0.018431538205392 |
| 3 | 0.028227 | 0.912673 | 0.78554493096779 | 0.017006642835385 |
| 4 | 0.02738019 | 0.88529281 | 0.72481644902582 | 0.015691902504683 |
| 5 | 0.0265587843 | 0.8587340257 | 0.66878273166522 | 0.014478801407185 |
| | | Total | 3.9531981800546 | 0.08558470286716 |
| | | CDS Spread | | 0.021649484536082 |
| | | CDS Spread (in basis pts) | 216.49485 | |

Pour résumer, l'acheteur du CDS va payer un *spread* de 216 points de base chaque année. En contrepartie, il est assuré de recevoir la compensation de la perte de valeur de l'actif de référence. Sachant que le taux de recouvrement est de 30 %, et en supposant que la faillite a lieu au milieu de deux flux de paiement annuels, l'acheteur paiera donc la portion du *spread* dû, à savoir 216/2, soit 108 points de base, et recevra 100 % - 30 %, soit 70 % du nominal (7 millions dans notre exemple).

---

[23] En fait, la majorité des contrats ont un nominal de 10 millions de dollars. Nous avons remplacé dollars par euros pour des raisons de simplicité.

# EXERCICES

## Exercice 20.1.
Qu'est-ce que l'entité de référence dans un contrat de CDS ?

## Exercice 20.2.
Quelles sont les deux principales modalités de règlement proposées dans un contrat de CDS ?

## Exercice 20.3.
Citez trois événements de crédit.

## Exercice 20.4.
Qu'est-ce qu'un taux de recouvrement ?

## Exercice 20.5.
À l'aide du *pricer* de masterderivatives.com, déterminez le *spread* d'un contrat de CDS ayant les caractéristiques suivantes : nombre d'années 5 ans ; nominal 10 millions d'euros ; taux d'intérêt 3 % ; probabilité de défaut 1 % ; taux de recouvrement 30 %.

# CONCLUSION

Nous voici arrivés à la fin de cet ouvrage, un projet très ambitieux qui a été possible grâce à la contribution et au soutien de plusieurs d'entre vous. Nous espérons que vous avez pris autant plaisir à le lire que nous en avons pris à l'écrire.

Merci de nous avoir choisis pour améliorer vos connaissances en finance. Mais rassurez-vous, ce n'est pas la fin de l'histoire ! L'univers des produits dérivés évolue tous les jours et à toute vitesse. Alors, si ce sujet vous tient à cœur, n'hésitez pas à vous rendre sur le site masterderivatives.com, un site entièrement dédié aux produits dérivés et conçu pour le grand public, c'est-à-dire pour vous ☺. Le site met à votre disposition gratuitement des outils de *pricing*. Vous pourrez continuer à vous exercer grâce à des QCM, et même trouver un travail en consultant les offres d'emplois présentes sur le site. Et bien d'autres services sont à venir. Si vous avez des suggestions ou des interrogations, n'hésitez pas à nous joindre à l'adresse masterderivatives.contact@gmail.com

Grâce à votre aide et à votre soutien, nous continuerons à travailler pour améliorer la diffusion des connaissances en finance.

# CORRECTION DES EXERCICES

# CORRECTION DES EXERCICES (chapitre I)

## Exercice 1.1.

Un *forward* est un engagement ferme, entre deux contreparties, pour acheter ou vendre une quantité déterminée d'un actif (le sous-jacent) à une date donnée (la date d'échéance) et à un prix convenu à l'avance.

## Exercice 1.2.

Les *forwards* sont négociés de gré à gré.

## Exercice 1.3.

Le montant du remboursement sera de :

$100\,000.(1+0,06)^5 = 127\,628,16$ euros.

# CORRECTION DES EXERCICES
## (chapitre II)

## Exercice 2.1.

L'arrêt du système de change fixe, décidé en 1971 par le président américain Richard Nixon, est un événement historique qui a eu une contribution majeure sur le développement du marché des *forwards* de change.

## Exercice 2.2.

Le produit *forward* le plus négocié sur les marchés financiers est le *Forward Rate Agreement* (FRA).

## Exercice 2.3.

Le taux de référence le plus utilisé sur les marchés financiers est le taux LIBOR. Ce dernier signifie *London Interbank Offer Rate* et se définit comme étant le taux d'intérêt auquel des banques internationales installées à Londres prêtent le dollar à d'autres banques.

# CORRECTION DES EXERCICES
## (chapitre III)

## Exercice 3.1.

L'échéance d'un contrat désigne la date de fin du contrat. Les jours d'échéance les plus fréquents sont les troisièmes vendredis des mois de mars, juin, septembre et décembre.

## Exercice 3.2.

La liquidation d'une position dans le cadre d'un contrat *futures* désigne la clôture de cette position par la vente d'une position acheteuse ou l'achat d'une position vendeuse. Elle intervient à l'échéance du contrat.

## Exercice 3.3.

En général, ce sont les contrats *futures* ayant pour sous-jacents des matières premières, qui offrent la possibilité d'une livraison. Sachant que la date de liquidation est située avant la date de livraison, le trader n'a qu'à dénouer sa position en cash au moment de la date de liquidation pour éviter la livraison.

## Exercice 3.4.

Les courtiers exigent un dépôt de garantie sur les contrats *futures,* afin de s'assurer qu'ils seront en mesure de couvrir une éventuelle perte sur la position  de leurs clients. En général, le dépôt de garantie se fait en cash. Néanmoins, certains courtiers acceptent également des titres de capital (ex. : les actions), des titres de créance (ex. : les obligations) et même des titres d'OPCVM.

# CORRECTION DES EXERCICES
## (chapitre IV)

## Exercice 4.1.
L'intérêt principal de l'effet de levier est d'amplifier le rendement d'un investissement. Son usage engendre cependant le risque d'amplifier également les pertes.

## Exercice 4.2.
Avec un dépôt de garantie de 6 000 euros et un levier de 10 fois, vous serez en mesure de traiter un montant maximal de 60 000 euros.

## Exercice 4.3.
Imaginez que vous êtes serveur dans un bar. Votre responsable vous demande de veiller à ce que les verres de soda des clients ne soient jamais vides. Astucieux, vous choisissez des verres de 50 cl avec une marque à 30 cl. Ainsi, à chaque fois que le niveau de soda dans le verre d'un client passe en dessous de cette marque de 30 cl, vous incitez le client à remplir à nouveau son verre. Le principe de l'appel de marge est le même. Remplacez les 50 cl par le montant du dépôt de garantie, les 30 cl par le niveau du compte *deposit* à partir duquel l'appel de marge est déclenché, le serveur par un courtier, le soda par des euros, le bar par une Bourse de *futures*, et vous aurez un bon aperçu du mécanisme de l'appel de marge !

## Exercice 4.4.
Une chambre de compensation est une entité financière ayant comme objectif principal d'éliminer le risque de contrepartie.

# Exercice 4.5.

Une chambre de compensation a quatre rôles principaux : le rôle de contrepartie unique, la gestion des positions, la gestion des risques et la livraison du sous-jacent.

# CORRECTION DES EXERCICES (chapitre V)

## Exercice 5.1.

Comme indices européens, on peut citer le DAX 30 allemand, le FTSE 100 britannique et le CAC 40 français. Comme indices américains, on peut citer le S&P 500, le DJIA 30, ainsi que le Nasdaq 100.

## Exercice 5.2.

Le contrat *futures* 6 mois est de :

$F = 10\ 000 * e^{\,0,03\,*\,0,5}$

$F = 10\ 151,1$

## Exercice 5.3.

Le cours au comptant est de :

$S = 2\ 000 * e^{\,-0,02\,*\,0,5}$

$S = 1\ 980,1$

## Exercice 5.4.

$F = 18\ 000 * e^{\,(0,03-0,01)\,*\,0,25}$

$F = 18\ 135,5$

# CORRECTION DES EXERCICES (chapitre VI)

## Exercice 6.1.

Parmi les *futures* de taux d'intérêt américains, on peut citer pour les échéances :
- taux courts : les *Treasury Bills Futures* ;
- taux intermédiaires : les *Treasury Notes Futures* ;
- taux longs : les *Treasury Bonds Futures*.

## Exercice 6.2.

Une obligation *13*-Week *Treasury Bill*, qui cote 97, offre un taux d'intérêt de 3 % ou 300 points de base.

## Exercice 6.3.

Le prix du contrat *futures* est de :
1 000 000 * (1 - 0,03 * (90 / 360)) = 992 500 dollars.

## Exercice 6.4.

Pour une baisse d'un point de base, le prix du contrat *futures* devrait augmenter de 25 dollars, soit 992 525 dollars.

Vérification :
1 000 000 * (1 - 0,0299 * (90 / 360)) = 992 525 dollars.

# CORRECTION DES EXERCICES
## (chapitre VII)

## Exercice 7.1.

Les quatre devises les plus utilisées sont le dollar (USD), l'euro (EUR), le yen (JPY) et la livre sterling (GBP). Les trois paires de devises les plus traitées sont : USD/EUR, USD/JPY et USD/GBP.

## Exercice 7.2.

Le prix du contrat *futures* de la paire de devises EUR/USD est :

$F = 1,20 * e^{(0,02-0,03)*0,5}$

$F = 1,19$

## Exercice 7.3.

Le taux au comptant de la paire de devises EUR/USD est :

$S = 1,100 * e^{-(0,02-0,03)*0,5}$

$S = 1,106$

# CORRECTION DES EXERCICES
# (chapitre VIII)

## Exercice 8.1.

Les trois grandes familles de contrats *futures* sur les matières premières proposées par le *CME Group* sont les matières premières agricoles (ex. : les contrats *Corn Futures*), les métaux (ex. : les contrats *Gold Futures*) et les sources d'énergie (ex. : les contrats *Light Sweet Crude Oil Futures*).

## Exercice 8.2.

Le prix du contrat *futures* 6 mois sur le pétrole brut est :

$F = (100 + 1) e^{(0,05*0,5)}$

$F = 103,56$ *dollars*

# CORRECTION DES EXERCICES
## (chapitre X)

## Exercice 10.1.

Afin de contourner les transferts internationaux, les entreprises multinationales vont mettre en place, dans les années 1970, les prêts parallèles, qui deviendront par la suite les *swaps*.

## Exercice 10.2.

Le rôle d'un *market maker* est de proposer en continu un prix d'achat (*bid*) et un prix de vente (*ask*) pour des actifs.

## Exercice 10.3.

L'entité chargée de la conception et de la mise à jour de contrats standardisés pour les *swaps* et pour l'ensemble des produits dérivés est l'*International Swaps and Derivatives Association* (ISDA).

# CORRECTION DES EXERCICES (chapitre XI)

## Exercice 11.1.

Un *swap* de taux est une opération au cours de laquelle deux contreparties échangent des flux financiers dans la même devise, pour le même nominal, et sur des références de taux différentes. Un *plain vanilla swap*, comprenez un *swap* de taux basique, est un mécanisme financier au cours duquel une entité A verse un taux d'intérêt fixe à une entité B, pendant que l'entité B verse un taux d'intérêt variable à l'entité A, le tout dans la même devise.

## Exercice 11.2.

Dans le cadre du *swap*, votre entreprise va recevoir des intérêts à taux fixe de la banque et va payer à cette dernière des intérêts à taux variable (LIBOR 6 mois).

De façon plus détaillée, voici ce que votre entreprise va recevoir en intérêts de la banque pendant deux ans (on parle aussi de jambe fixe du *swap*).

$1^{er}$ janvier 2016
$1^{er}$ juillet 2016 :    10 000 000 € .(0,06).(180/360)    = 300 000 €
$1^{er}$ janvier 2017 :    10 000 000 € .(0,06).(180/360)    = 300 000 €
$1^{er}$ juillet 2017 :    10 000 000 € .(0,06).(180/360)    = 300 000 €
$1^{er}$ janvier 2018 :    10 000 000 € .(0,06).(180/360)    = 300 000 €

En contrepartie, elle va payer à la banque un montant d'intérêts qui dépendra du taux LIBOR 6 mois.

1$^{er}$ janvier 2016
1$^{er}$ juillet 2016  :   -10 000 000 € .(0,060).(180/360)      = -300 000 €
1$^{er}$ janvier 2017 :   -10 000 000 € .(0,058).(180/360)      = -290 000 €
1$^{er}$ juillet 2017 :   -10 000 000 € .(0,055).(180/360)      = -275 000 €
1$^{er}$ janvier 2018 :   -10 000 000 € .(0,050).(180/360)      = -250 000 €

Le bilan du *swap* pour l'entreprise se soldera par un gain de 85 000 €, soit :

1$^{er}$ juillet 2016 :   300 000 - 300 000    =    0 €
1$^{er}$ janvier 2017 :   300 000 - 290 000    =    10 000 €
1$^{er}$ juillet 2017 :   300 000 - 275 000    =    25 000 €
1$^{er}$ janvier 2018 :   300 000 - 250 000    =    50 000 €
                                                    85 000 €

Par ailleurs, votre entreprise avait une dette à taux fixe de 10 000 000 € à rembourser pendant deux ans et durant la même période au taux de 6 %. Vous allez donc devoir rembourser les montants suivants en intérêts sur la dette :

1$^{er}$ janvier 2016
1$^{er}$ juillet 2016  :   -10 000 000 € .(0,060).(180/360)      = -300 000 €
1$^{er}$ janvier 2017 :   -10 000 000 € .(0,060).(180/360)      = -300 000 €
1$^{er}$ juillet 2017 :   -10 000 000 € .(0,060).(180/360)      = -300 000 €
1$^{er}$ janvier 2018 :   -10 000 000 € .(0,060).(180/360)      = -300 000 €

Mais, si on y superpose les sommes perçues grâce au *swap* :

1$^{er}$ janvier 2016
1$^{er}$ juillet 2016  :      =    0 €
1$^{er}$ janvier 2017 :      =    10 000 €
1$^{er}$ juillet 2017 :      =    25 000 €
1$^{er}$ janvier 2018 :      =    50 000 €

Alors, on aboutit aux flux suivants :

| | | |
|---|---|---|
| 1er juillet 2016 : | -300 000 + 0 | = -300 000€ |
| 1er janvier 2017 : | -300 000 + 10 000 | = -290 000€ |
| 1er juillet 2017 : | -300 000 + 25 000 | = -275 000€ |
| 1er janvier 2018 : | -300 000 + 50 000 | = -250 000€ |

Autrement dit, vous avez transformé une dette à taux fixe (6 %) en une dette à taux variable (LIBOR 6 mois). Au passage, votre entreprise économise 85 000 euros d'intérêts supplémentaires à payer.

# Exercice 11.3.

Un *swap* de devises est une opération au cours de laquelle deux contreparties échangent des flux financiers dans des devises différentes pour le même nominal.

# Exercice 11.4.

Les échanges de flux semestriels du *swap* du point de vue d'Air France sont les suivants :

| | | |
|---|---|---|
| 1er janvier 2016 : | 15,00 millions $ | -12,00 millions € |
| 1er juillet 2016 : | -0,15 million $ | 0,18 million € |
| 1er janvier 2017 : | -0,15 million $ | 0,18 million € |
| 1er juillet 2017 : | -0,15 million $ | 0,18 million € |
| 1er janvier 2018 : | -15,15 millions $ | 12,18 millions € |

Vous l'aurez compris, 0,15 million de dollars est le résultat de 15 000 000 * 0,02 * 180/360. De même, 0,18 million d'euros est le résultat de 12 000 000 * 0,03 * 180/360.

# CORRECTION DES EXERCICES
## (chapitre XII)

## Exercice 12.1.
L'année 1973 a marqué les grands débuts du marché des options tel que nous le connaissons aujourd'hui. En effet, l'année 1973 coïncide avec plusieurs événements : l'adoption d'un régime de change flottant, le « premier choc pétrolier », la création du *Chicago Board Options Exchange* (CBOE) et de *l'Options Clearing Corporation* (OCC), et enfin la publication des travaux de Fischer Black et Myron Scholes.

## Exercice 12.2.
Un contrat d'option peut se définir comme étant un contrat qui donne à la contrepartie acheteuse du contrat le droit, mais pas l'obligation, d'acheter ou de vendre un actif à un prix, à une date et à un montant déterminés à l'avance.

## Exercice 12.3.
Une option européenne peut se définir comme une option ayant une seule date d'exercice, à savoir la date d'échéance. Par opposition, une option américaine peut être exercée à n'importe quel moment du contrat entre la date de signature et la date d'échéance.

## Exercice 12.4.
Une option « à la monnaie » est une option dont le prix d'exercice est identique au prix du sous-jacent. Quand le prix d'exercice d'une option d'achat est supérieur au prix du sous-jacent, l'option est dite « en dehors de la monnaie ». Par opposition, quand le prix d'exercice d'une option d'achat est

inférieur au prix du sous-jacent, l'option est dite « dans la monnaie ». Naturellement, c'est l'opposé pour les options de vente.

# Exercice 12.5.

On observe la valeur intrinsèque uniquement sur les contrats d'option « dans la monnaie ». La valeur intrinsèque équivaut à la différence de prix entre le sous-jacent et le prix d'exercice « dans la monnaie ».

# CORRECTION DES EXERCICES
# (chapitre XIII)

## Exercice 13.1.
Avec l'aide du calculateur d'option du site
masterderivatives.com, on obtient un *call* de 21,76 euros.

## Exercice 13.2.
Avec l'aide du calculateur d'option du site
masterderivatives.com, on obtient un *put* de 19,29 euros.

## Exercice 13.3.
Avec l'aide du calculateur d'option du site
masterderivatives.com, on obtient un *call* de 0,08 euro.

## Exercice 13.4.
Avec l'aide du calculateur d'option du site
masterderivatives.com, on obtient un *put* de 0,07 euro.

# CORRECTION DES EXERCICES (chapitre XIV)

## Exercice 14.1.

Avec l'aide du calculateur d'option du site masterderivatives.com, on obtient les données suivantes (idem pour les autres exercices).

| | |
|---|---|
| *Call* : | 21,76 |
| Delta : | 0,9385 |
| Gamma : | 0,0081 |
| Véga : | 12,1445 |
| Thêta : | -8,6217 |
| Rhô : | 41,49 |

## Exercice 14.2.

On obtient les données suivantes.

| | |
|---|---|
| *Put* : | 19,29 |
| Delta | -0,8715 |
| Gamma : | 0,014 |
| Véga : | 20,99 |
| Thêta : | -0,4896 |
| Rhô : | -48,4 |

## Exercice 14.3.

On obtient les données suivantes.

| | |
|---|---|
| *Call* : | 0,08 |
| Delta : | 0,6948 |
| Gamma : | 3,016 |
| Véga : | 0,1965 |

Thêta :        -0,0855
Rhô :          0,1808

# Exercice 14.4.

On obtient les données suivantes.

Put :          0,07
Delta :        -0,6339
Gamma :        3,246
Véga :         0,2114
Thêta :        -0,0764
Rhô :          -0,2006

# CORRECTION DES EXERCICES (chapitre XV)

## Exercice 15.1.

Parmi les opérations de base :

On peut acheter un *call* (voir le schéma ci-dessous).

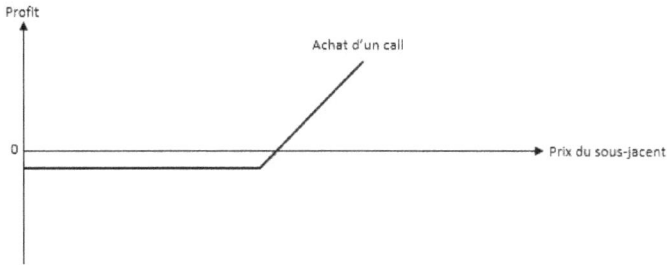

Ou encore acheter un *put*.

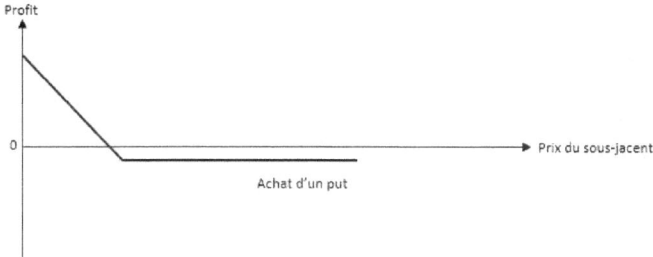

Dans ces deux cas, on est « long ».

On peut aussi vendre un *call*.

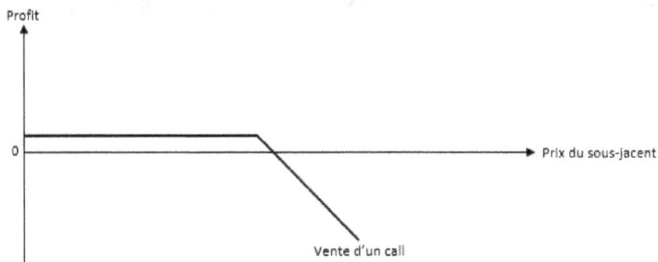

Ou encore vendre un *put*.

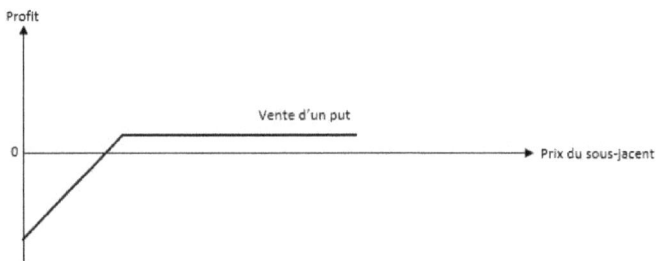

Dans ces deux derniers cas, on est « court ».

# Exercice 15.2.

Un *covered call* est un *call* couvert par une action. Voici un exemple de *covered call*.

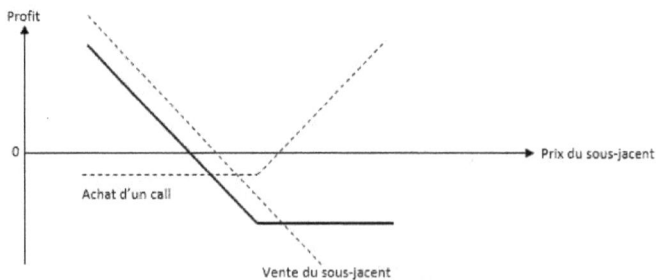

# Exercice 15.3.

Les *spreads* sont des combinaisons qui impliquent l'achat et la vente au même moment de deux *calls* différents ou de deux *puts* différents. Les quatre types de *spreads* principaux sont l'achat d'un *call spread*, l'achat d'un *put spread*, la vente d'un *call spread* et la vente d'un *put spread*.

# Exercice 15.4.

Un *butterfly spread* s'obtient en vendant deux *calls* à un prix d'exercice $K$, en achetant un *call* à un prix d'exercice $K + e$ et en achetant un autre *call* à un prix d'exercice $K - e$, $e$ étant un réel positif. À noter que $K$ est généralement proche du cours du sous-jacent. Naturellement, tous les *calls* doivent avoir la même date d'échéance et porter sur le même sous-jacent. Graphiquement, cela peut donner ceci.

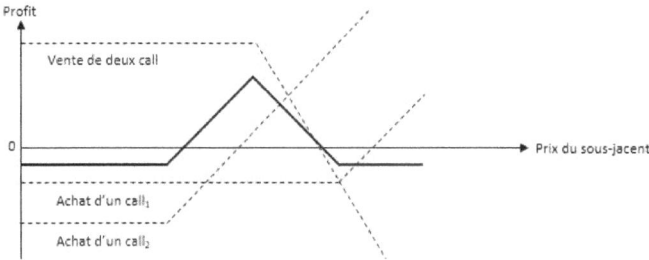

# Exercice 15.5.

La figure correspond à un *long straddle*. Cette stratégie est privilégiée quand on s'attend à une forte volatilité sur un cours, mais sans savoir si le cours évoluera à la hausse ou à la baisse. On peut rencontrer cette situation à l'approche d'une annonce importante (résultats financiers, décision de justice, OPA, etc.).

# Exercice 15.6.

La stratégie **short strangle** consiste en la vente d'un *put* et celle d'un *call* ayant des prix d'exercice différents. Cependant, la date d'échéance et le sous-jacent doivent être identiques. Cette stratégie est recommandée quand on anticipe une faible volatilité sur un actif.

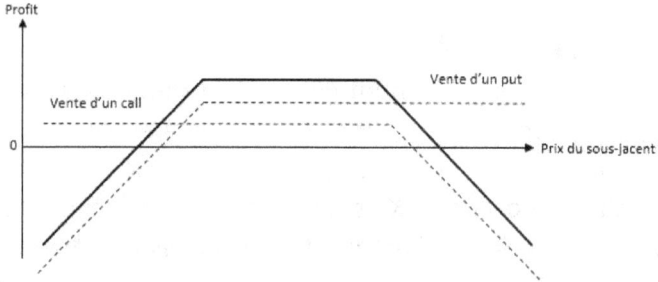

# CORRECTION DES EXERCICES
## (chapitre XVI)

## Exercice 16.1.

Parmi les quatre types d'options barrières, on peut avoir :

- une option *knock-in up* pour une option à barrière activante à la hausse ;

- une option *knock-in down* pour une option à barrière activante à la baisse ;

- une option *knock-out up* pour une option à barrière désactivante à la hausse ;

- et enfin une option *knock-out down* pour une option à barrière désactivante à la baisse.

## Exercice 16.2.

Les options asiatiques doivent leur nom au fait qu'elles ont été découvertes à Tokyo, et donc en Asie. Une option asiatique fonctionne de la même manière qu'une option classique, à la différence près que sa performance est obtenue en faisant la différence entre le prix d'exercice et le prix moyen du sous-jacent pendant la durée de vie du contrat.

## Exercice 16.3.

Une option *lookback* est une option dont le prix d'exercice est déterminé à partir du cours du sous-jacent le plus avantageux pour l'acheteur pendant la période de validité du contrat. Les options *lookback* ont deux principales variantes : les options *lookback* à prix d'exercice variable et les options *lookback* à prix d'exercice fixe.

## Exercice 16.4.

Une option *shout* ressemble en tout point à une option classique, à ceci près que son détenteur a, en plus des droits qu'offre une option classique, le droit de choisir le prix du sous-jacent qu'il juge le plus avantageux, et ce une seule fois avant la fin de validité du contrat.

Avec les options *lookback*, que nous avons évoquées précédemment, on a la garantie que l'on aura le prix le plus avantageux pendant la durée du contrat. Hélas, avec les options *shout,* on n'a plus cette garantie. En effet, il n'y a aucune certitude que le prix choisi [i] ou le prix du sous-jacent à l'échéance [ii] (y compris quand celui-ci finit au-dessus du prix choisi) soient équivalents au cours maximal atteint par le sous-jacent pendant la durée de vie de l'option. En revanche, l'option *shout* aura un prix moins élevé que celui d'une option *lookback*.

## Exercice 16.5.

Les options digitales sont également appelées options binaires. Elles se définissent par le fait de réduire le *payoff* d'un contrat d'option à deux possibilités : la perte de la prime (exemple : *payoff* égal zéro euro) ou le gain d'un montant fixe (exemple : *payoff* égal un euro).

## Exercice 16.6.

Les options composées, ou *compound options*, sont des options sur des options. On distingue quatre combinaisons d'options composées, qui peuvent être : un *call* sur un *call*, un *put* sur un *put*, un *call* sur un *put* ou un *put* sur un *call*.

# Exercice 16.7.

Les options sur paniers, ou *basket options*, sont des options pour lesquelles le sous-jacent est constitué de plusieurs actifs différents. Les options sur paniers peuvent permettre à une entreprise multinationale, exposée à différents risques de change, de se couvrir à un coût moindre. En effet, se couvrir contre un panier d'actifs revient moins cher que de devoir se couvrir contre chaque actif individuellement.

# CORRECTION DES EXERCICES (chapitre XVII)

## Exercice 17.1.

La VaR se définit comme étant la perte maximale à laquelle on s'expose pour une probabilité et un horizon de temps donnés. Les trois principales méthodes permettant d'évaluer la VaR sont la méthode paramétrique, la méthode historique et la méthode de Monte-Carlo.

## Exercice 17.2.

La VaR est la suivante.

VaR (99 %, $5_j$) = $\sqrt{5}$ * 500 000 * 2,33 * (0,22/$\sqrt{252}$ )

VaR (99 %, $5_j$) = 36 102 euros

## Exercice 17.3.

1. La perte maximale $VaR_p$ à laquelle on sera exposé dans les 5 prochains jours avec une précision de 99 % est de :

$VaR_1$ (99 %, $5_j$) = $\sqrt{5}$ * 250 000 * 2,33 * (0,17/$\sqrt{252}$ ) = 13 949 euros

$VaR_2$ (99 %, $5_j$) = $\sqrt{5}$ * 250 000 * 2,33 * (0,27/$\sqrt{252}$ ) = 22 154 euros

$VaR_p$ (99 %, $5_j$) = $\sqrt{}$ ($13\,949^2$ + $22\,154^2$ + 2 * 0,3 * 13 949 * 22 154) = 29 508 euros.

2. On constate que $VaR_1 + VaR_2$ (36 102 euros) est supérieure à la $VaR_p$ (29 508 euros).

3. Avec un coefficient de corrélation de 1, on obtient une $VaR_p$ de 36 102 euros.

4. On constate dans ce dernier cas que la $VaR_p$ est égale à $VaR_1 + VaR_2$, soit 36 102 euros pour les deux entités.

# Exercice 17.4.

La VaR n'étant pas une mesure du risque de marché suffisamment fiable, les banques ont recours au *backtesting* pour tester la pertinence d'un modèle, en comparant les données anticipées par le modèle et les données observées dans la réalité.

# Exercice 17.5.

Un *stress test*, ou test de résistance, consiste à simuler une situation de crise dans un établissement financier. Pour ce faire, on considère des événements ayant une très faible probabilité de survenue, mais un impact très important sur la banque ou sur toutes les banques (ex. : les attentats du 11 septembre 2001, la chute de la banque Lehman Brothers en 2008, etc.).

# Exercice 17.6.

Le VIX, ou *Volatility Index*, est un indice de volatilité. Cet indice est obtenu en faisant la moyenne des volatilités implicites des options de l'indice S&P 500. La volatilité implicite est une volatilité future qui peut être obtenue *via* la formule de Black et Scholes.

# CORRECTION DES EXERCICES
## (chapitre XVIII)

### Exercice 18.1.

Les trois principaux documents comptables utilisés pour analyser la situation financière d'une entreprise sont le bilan, le compte de résultat et le tableau de flux de trésorerie.

### Exercice 18.2.

Le rôle d'une agence de notation est d'évaluer le risque de non-remboursement d'un titre de dette émis par une entité. Les trois plus importantes agences de notation sont Standard & Poor's, Moody's et Fitch Ratings.

### Exercice 18.3.

La plus grande part des revenus des agences de notation provient des sollicitations d'entreprises ou d'États qui paient pour obtenir une note en vue d'une émission de dette sur les marchés. Ce modèle est critiqué, car il engendre un risque de conflit d'intérêts entre l'agence de notation, qui a besoin de la rémunération de son client, et le client, qui a besoin de la note la plus élevée possible. On voit bien que la tentation pour l'agence de notation est forte de surnoter son client afin de ne pas le perdre.

### Exercice 18.4.

Une dette *investment grade* est une dette notée entre AAA et BBB.

# Exercice 18.5.

Un *spread* de crédit est la différence de taux qui existe entre le taux d'une dette donnée et un taux de référence. Ce taux de référence peut être un taux sans risque, autrement dit un taux sur une dette souveraine. Mais, plus généralement, ce sont les taux EURIBOR (pour l'euro) ou LIBOR (pour le dollar) qui sont utilisés comme taux de référence.

En fonction des conditions de marché, et notamment du risque de crédit tel que perçu par les investisseurs, l'écart entre le taux de référence et le taux d'une obligation donnée va augmenter ou diminuer. Quand le marché juge que le risque de crédit augmente, l'écart de taux augmente également entre le taux de cette obligation et le taux de référence, car les investisseurs demanderont une rémunération plus élevée sur la dette de l'entité en question. En revanche, si le marché juge que le risque de crédit diminue, l'écart de taux entre le taux de l'obligation et le taux de référence aura tendance à diminuer lui aussi.

# CORRECTION DES EXERCICES (chapitre XIX)

## Exercice 19.1.

Un CDO, ou *collateralized debt obligation*, est un montage financier consistant à regrouper des actifs peu liquides (les obligations émises par des entreprises), voire pas liquides du tout (les créances bancaires), afin de créer, *via* la titrisation, un nouveau produit (un CDO) négociable et attractif pour les investisseurs.

## Exercice 19.2.

Un CBO, ou *Collateralized Bond Obligation*, est un montage financier consistant à regrouper des actifs peu liquides (les obligations émises par des entreprises) afin de créer, *via* la titrisation, un nouveau produit (un CBO) plus attractif pour les investisseurs.

## Exercice 19.3.

Un CLO, ou *Collateralized Loan Obligation*, est un montage financier consistant à regrouper des actifs très peu liquides (les créances bancaires), afin de créer, *via* la titrisation, un nouveau produit (un CLO) négociable et attractif pour les investisseurs.

## Exercice 19.4.

Un CMO, ou *Collateralized Mortgage Obligation*, est un montage financier consistant à regrouper des actifs très peu liquides, notamment des créances hypothécaires (créances issues de prêts immobiliers), afin de créer, *via* la titrisation, un nouveau produit (un CMO) négociable et attractif pour les investisseurs.

## Exercice 19.5.

Le mécanisme de la titrisation est le suivant : on regroupe des actifs de même nature que l'on souhaite « titriser ». On crée pour l'occasion une structure juridique indépendante de la banque. Cette structure est appelée *Special Purpose Vehicle* (SPV). On vend ensuite à cette structure le *pool* d'actifs qui fait l'objet de la titrisation. C'est cette structure qui va proposer aux investisseurs des parts de CMO, dans le cas de créances hypothécaires. La SPV peut proposer des parts de CMO identiques aux investisseurs. Cependant, pour contenter le plus grand nombre, ces parts sont généralement structurées en types de produits différents. Au moins trois types de produits (on parle de tranches) sont généralement proposés : une tranche *senior,* une tranche *mezzanine* et une trance *equity*.

# CORRECTION DES EXERCICES (chapitre XX)

## Exercice 20.1.

L'entité de référence dans un contrat CDS est l'entité qui émet la dette.

## Exercice 20.2.

Les deux principales modalités de règlement proposées dans un contrat CDS sont le règlement physique et le règlement en cash.

## Exercice 20.3.

Il existe trois principaux événements de crédit : une faillite de l'entité de référence, un défaut de paiement et une restructuration de la dette (sous certaines conditions).

## Exercice 20.4.

Le taux de recouvrement peut se définir comme étant le pourcentage de dette reçu après le défaut d'un emprunteur.

## Exercice 20.5.

D'après le *pricer* de masterderivatives.com, le *spread* du CDS est de 0,007070, ou 70,70 points de base.

# GLOSSAIRE

**À la monnaie (ou au pair)** : se dit d'une option lorsque son prix d'exercice est identique au prix du sous-jacent.

**Accord de taux futur** (*Forward Rate Agreement* (FRA)) : est un *forward* de taux permettant de fixer dès aujourd'hui un taux d'intérêt pendant une période de temps commençant à une date future.

**Actualisation** : actualiser un montant futur consiste à rapporter ce montant à aujourd'hui, en prenant en compte la perte de valeur due au taux d'intérêt.

**Agence de notation** : une agence de notation financière est une entreprise chargée d'évaluer la solvabilité d'un émetteur de dettes (entreprise, État, etc.).

**Aléas de crédit** (voir événements de crédit) : désignent tout événement pouvant conduire à un arrêt partiel ou total du remboursement d'une dette.

**Aller-retour** : désigne le fait d'acheter (respectivement de vendre) puis de revendre (respectivement de racheter) un actif à très court terme (ex. : en un jour).

**Analyse financière** : étude de la situation comptable et économique d'une entreprise, afin d'en déduire l'état actuel et les perspectives.

**Analyse macroéconomique** : il s'agit d'une analyse économique à l'échelle nationale, voire internationale, intégrant des phénomènes globaux comme le niveau des prix, le taux de croissance de l'économie, l'évolution des taux d'intérêt ou des taux de change.

**Analyse microéconomique** : il s'agit d'une analyse économique à l'échelle des individus, des entreprises ou des industries.

**Appel de marge** : un courtier peut autoriser ses clients à acheter (ou à vendre) plus de titres que ne permet leur dépôt initial. Cependant, cet avantage s'accompagne généralement d'une contrainte. En effet, si la valeur d'un dépôt initial est réduite au-delà d'une certaine proportion ou au-delà d'une certaine durée, le courtier demandera au client de reconstituer le dépôt initial : c'est ce que l'on appelle un appel de marge.

**Arbres binomiaux (*pricing*)** : c'est une méthode d'évaluation consistant à simuler les différentes possibilités de variation de prix d'un sous-jacent, afin d'en déduire le prix initial de l'option.

***Ask (price)*** : c'est le prix qu'un courtier accepte pour vendre un actif.

***Asset Backed Security* (ABS)** : désigne un titre financier négociable sur les marchés et adossé à des actifs réels. Ce titre financier est obtenu par le biais de la titrisation.

**Au comptant** (*spot* en anglais) : se dit d'un marché sur lequel le paiement et la livraison ont lieu quasiment au même moment.

**AUD** (*Australian dollar*) : le dollar australien, qui est la devise officielle du pays.

***Backtesting*** : il s'agit d'une méthode statistique permettant de tester la pertinence d'un modèle en comparant les données anticipées par le modèle et les données observées dans la réalité.

**Bâle I** : l'accord Bâle I a été formulé en 1988 sous l'égide de la Banque des règlements internationaux. L'accord prévoit notamment d'imposer un ratio de fonds propres réglementaires d'au moins 8 % sur l'ensemble des engagements de crédit de chaque banque.

**Bâle II** : l'accord Bâle II a été formulé en 2004 sous l'égide de la Banque des règlements internationaux. L'accord a pour objectif d'améliorer l'accord de Bâle I, afin de permettre une couverture plus pertinente des risques bancaires. À noter que, à la suite de la crise de 2007, un nouvel accord dit Bâle III a été formulé en 2010.

**Baril** : unité de mesure utilisée aux États-Unis pour le pétrole brut et ses dérivés. Un baril correspond à 158,9873 litres.

**BBA** (*British Bankers Association*) : est le syndicat le plus puissant représentant les intérêts du secteur bancaire et des services financiers britanniques.

***Bid (price)*** : c'est le prix auquel un courtier est prêt à vous acheter un actif.

**BIS** (*Bank for International Settlement* (voir Banque des règlements internationaux, BRI)) : est la banque centrale des banques centrales.

**BM&FBOVESPA** (*Bolsa de Valores, Mercadorias & Futuros BOVESPA*) : est la Bourse principale brésilienne située à São Polo.

**BRI** (Banque des règlements internationaux (*Bank for International Settlement,* BIS)) : est en quelque sorte la banque centrale des banques centrales.

**Broker** (voir courtier) : désigne un intermédiaire ayant pour but de faciliter une transaction entre un acheteur et un vendeur.

**Butterfly spread** : est une stratégie de *trading* d'option consistant à vendre deux *calls* à un prix d'exercice K, acheter un *call* à un prix d'exercice de K + e et enfin acheter un autre *call* à un prix d'exercice K - e, e étant un réel positif. À noter que K est généralement proche du cours du sous-jacent. Naturellement, tous les *calls* doivent avoir la même date d'échéance et porter sur le même sous-jacent.

**Cable** : c'est le nom donné au *GBP/USD* dans le jargon financier, car, à l'origine, la cotation de cette paire de devises était assurée par le biais d'un câble transatlantique entre Londres et New York.

**CAC 40** : indice boursier de référence comprenant les 40 plus importantes capitalisations boursières de la place parisienne. Le CAC (cotation assistée en continu) doit son nom à son système de cotation, automatisé dès sa création en 1987.

**CAD** : pour *Canadian dollar*, le dollar canadien, qui est la devise officielle du pays.

**Call** : il s'agit d'un contrat d'option d'achat.

**Call spread** : il s'agit d'une stratégie de *trading* consistant en l'achat et la vente au même moment de deux *calls* (ou de deux *puts*) ayant des prix d'exercice différents.

**CBO** (*Collateralized Bond Obligation*) : est un titre financier négociable sur les marchés et adossé à des obligations. Ce titre financier est obtenu par le biais de la titrisation.

**CBOT** (*Chicago Board Of Trade*) : est la plus ancienne des Bourses américaines. Fondée en 1948 afin de faciliter la négociation des matières premières, elle s'est rapidement diversifiée pour proposer des contrats à terme, puis optionnels, sur les matières premières et sur les actifs financiers. Elle fait aujourd'hui partie du *CME Group*.

**CDO** (*Collateralized Debt Obligation*) : est un titre financier négociable sur les marchés et adossé à des créances bancaires ou obligataires. Ce titre financier est obtenu par le biais de la titrisation.

**CDS** (*Credit Default Swap*) : est un produit dérivé de crédit qui permet à son acheteur de se protéger contre le risque de défaut. En contrepartie, ce dernier paie une prime périodique au vendeur de la protection.

**Chambre de compensation** (*clearing house,* en anglais) : est une entité financière ayant pour objectif d'éliminer le risque de contrepartie. Concrètement, une chambre de compensation est l'acheteuse de tous les vendeurs et la vendeuse de tous les acheteurs. Elle a pour rôle de gérer les différentes positions de ses clients. Elle détermine aussi le montant du dépôt de garantie et déclenche les appels de marge.

**Change flottant** : type de régime de change qui implique que le cours de change des monnaies évolue en fonction de l'offre et de la demande.

**CHF** (avec CH comme *Confoederatio Helvetica* en latin) : le franc suisse est la devise officielle de la Confédération helvétique.

**Chooser option** (option choix) : permet à son acquéreur de décider avant l'échéance, et pendant un laps de temps prédéterminé, s'il souhaite que son contrat soit un *put* ou un *call*. En général, le prix d'exercice du *call* et celui du *put* sont identiques.

**Clearing house** (chambre de compensation, en français) : est une entité financière ayant pour objectif d'éliminer le risque de contrepartie. Concrètement, une chambre de compensation est l'acheteuse de tous les vendeurs et la vendeuse de tous les acheteurs. Elle a pour rôle de gérer les différentes positions de ses clients. Elle détermine aussi le montant du dépôt de garantie et déclenche les appels de marge.

**Clearstream** : est à la fois un conservateur international de titres et une chambre de compensation, dont le siège social est situé au Luxembourg.

**CLO** (*Collateralized Loan Obligation*) : est un titre financier négociable sur les marchés et adossé à des créances bancaires. Ce titre financier est obtenu par le biais de la titrisation.

**CME** (*Chicago Mercantile Exchange*) : est la plus grande Bourse américaine de produits dérivés. Elle a racheté ses principaux concurrents américains pour former le *CME Group*.

**CME Group** : c'est la plus grande Bourse de produits dérivés au monde. Elle est issue de la fusion du *Chicago Mercantile Exchange (CME)*, du *Chicago Board Of Trade (CBOT) et du New York Mercantile Exchange (NYMEX)*.

**CMO** (*Collateralized Mortgage Obligation*) : est un titre financier négociable sur les marchés et adossé à des créances hypothécaires. Ce titre financier est obtenu par le biais de la titrisation.

**Coefficient de corrélation** : c'est un indice statistique permettant d'évaluer le degré de relation entre deux variables.

**COMEX** (*New York Commodities Exchange*) : est une Bourse spécialisée dans les matières premières qui a été rachetée par le *New York Mercantile Exchange (NYMEX),* lui-même racheté par le *CME Group.*

**Compensation journalière** (*daily settlement*) : est le fait d'évaluer, à la fin de la journée, les positions de l'ensemble des portefeuilles clients, afin de déterminer si des appels de marge doivent être déclenchés.

*Compound option* : les options composées sont des options sur des options. On distingue quatre combinaisons d'options composées, qui peuvent être : un *call* sur un *call*, un *put* sur un *put*, un *call* sur un *put* ou un *put* sur un *call*.

**Confirmation** : il s'agit d'un document généré par un courtier après l'exécution d'une opération. Ce document contient les principaux détails de la transaction tels que la date, le prix, la quantité, etc.

**Dépositaire central de titres** : c'est un organisme chargé de la conservation des titres et de la gestion des systèmes de règlement livraison. Il peut être national (*Central Securities Depository* (CSD)) ou international (*International Central Securities Depository* (ICSD)).

**Contrat à terme** : c'est un engagement ferme entre deux contreparties pour acheter ou vendre une quantité déterminée d'actifs (le sous-jacent), à une date donnée (la date d'échéance) et à un prix convenu à l'avance (le prix d'exercice).

**Courbe des taux** (voir *Yield curve*) : représentation graphique de l'évolution des taux d'intérêt en fonction de différentes échéances de temps.

**Court** : en finance, être court (*short* en anglais) signifie qu'une baisse du titre associé à notre investissement nous est bénéfique financièrement.

**Courtier** (voir *broker*) : désigne un intermédiaire ayant pour objectif de faciliter une transaction entre un acheteur et un vendeur.

**Coûts de stockage** (*storage costs,* en anglais) : est le coût associé à la conservation d'une matière première.

**Couverture** : c'est une protection qui peut être partielle ou totale contre les fluctuations d'un ou de plusieurs actifs financiers.

***Covered call* et *covered put*** : un *covered call* est un *call* couvert par une action et un *covered put* est un *put* couvert par une action.

**Créances hypothécaires** : ce sont des créances issues de prêts immobiliers.

**Crédit** : c'est le prêt d'une somme d'argent d'une entité (par exemple une banque) à une autre (par exemple une entreprise). En général, ce prêt est assorti d'intérêts.

**Crise des dettes souveraines** : à la suite de la crise des *subprimes*, qui a débuté en 2007, les États ont renfloué les banques. Par conséquent, ces États se sont eux-mêmes retrouvés grandement endettés, au point, pour certains (notamment la Grèce), de perdre complètement la confiance des marchés financiers, déclenchant, à partir de 2011, une nouvelle crise.

**Crise des *subprimes*** : c'est d'abord une crise sur les prêts immobiliers à risque, qui éclate aux États-Unis en 2007, quand de plus en plus d'emprunteurs se retrouvent en situation de défaut de paiement. Ensuite, par effet domino, la crise va se propager au secteur financier américain, puis mondial, ce qui aboutira à une crise économique planétaire.

**CSI 300** (*China Securities Index 300*) : est représentatif des 300 plus importantes capitalisations des Bourses de Shanghai et de Shenzhen.

***Daily settlement*** (compensation journalière) : est le fait d'évaluer, à la fin de la journée, les positions de l'ensemble des portefeuilles clients, afin de déterminer si des appels de marge doivent être déclenchés.

**Dans la monnaie** : quand le prix d'exercice proposé pour un *call* est inférieur au prix du sous-jacent, on dit que ce *call* est « dans la monnaie ».

**Date de livraison** : on parle généralement de livraison quand le sous-jacent est une matière première. Les contrats sont majoritairement dénoués avant la date de livraison. Cela permet justement d'éviter la livraison du sous-jacent.

**DAX 30** (*Deutscher AktienindeX 30*) : est constitué des 30 plus importantes capitalisations de la Bourse de Francfort.

**De gré à gré** (*Over The Counter* (OTC)) : désigne un marché sur lequel les acheteurs et les vendeurs négocient directement sans passer par l'intermédiaire d'une plate-forme centralisée.

**Dealers** : (voir *market maker*) est une entité qui propose en continu un prix d'achat (*bid*) et un prix de vente (*ask*) pour des actifs.

**Déboucler (une position)** : il s'agit de vendre des contrats pour lesquels on était acheteur ou, inversement, d'acheter des contrats pour lesquels on était vendeur.

**Défaut de paiement** : c'est le fait, pour une entité, de ne pas pouvoir payer tout ou partie de sa dette envers un ou plusieurs créanciers.

**Delta** : le delta permet de mesurer la sensibilité du prix d'une option par rapport à la variation du prix du sous-jacent.

**Dénouer (une position)** : il s'agit de vendre des contrats pour lesquels on était acheteur ou, inversement, d'acheter des contrats pour lesquels on était vendeur.

**Deposit** (voir dépôt de garantie) : dépôt permettant de couvrir d'éventuelles pertes sur des transactions financières réalisées sur des produits à effet de levier.

**Dépôt de garantie** (voir *deposit*) : dépôt permettant de couvrir d'éventuelles pertes sur des transactions financières réalisées sur des produits à effet de levier.

**Dérivés de crédit** : il s'agit de produits financiers qui permettent de transférer le risque de contrepartie d'un intervenant à un autre.

**Dividendes** : c'est un versement aux actionnaires d'une partie des bénéfices générés par une entreprise.

**DJIA 30** (*Dow Jones Industrial Average 30* ou simplement *Dow Jones*) : est un indice boursier composé des 30 plus grandes entreprises américaines.

**Dollar (USD**, pour *United States Dollar***)** : le dollar américain est la devise officielle des États-Unis.

**Dow Jones** : voir DJIA 30.

**DTB** (*Deutsche Terminbörse*) : est le marché à terme et d'options allemand.

**Écart-type** : outil statistique permettant de calculer la dispersion d'un ensemble de données par rapport à la moyenne. En finance, l'écart-type est utilisé pour rendre compte de la volatilité.

**Échéance (date)** : date de fin d'un contrat.

**Effet de levier** : c'est le fait d'avoir recours à de l'endettement dans l'optique d'augmenter la rentabilité de ses fonds propres.

**En dehors de la monnaie** : quand le prix d'exercice proposé pour un *call* est supérieur au prix du sous-jacent, on dit que ce *call* est « en dehors de la monnaie ».

**Entité de référence** : dans le cadre d'un contrat CDS, l'entité de référence est l'entité qui émet la dette.

*Equity Forward* : c'est un *forward* ayant pour sous-jacent une action.

**ETF** (*Exchange-Traded Fund*) : est un fonds indiciel, autrement dit un fonds de placement reproduisant les performances d'un indice boursier.

**Eurex** (*European Exchange*) : est la plus grande Bourse européenne de contrats à terme. Elle est le résultat de la fusion de la *Deutsche Terminbörse* (*DTB*) et de la *Swiss Options and Financial Futures Exchange* (*SOFFEX*).

**EURIBOR** (*Euro interbank offered rate*) : est le taux auquel les banques se prêtent des euros entre elles.

**Euro (EUR)** : devise utilisée par les pays de l'Union économique et monétaire de l'Union européenne. On parle aussi de « zone euro ».

**Euro Stoxx 50** : il s'agit d'un indice européen constitué des 50 plus importantes capitalisations de la zone euro, ce qui exclue notamment les entreprises britanniques.

**Euroclear** : il s'agit d'un ICSD (*International Central Securities Depositary*), autrement dit un organisme chargé, sur le plan international, de la conservation des titres et de la gestion des systèmes de règlement-livraison.

**Eurodollars** : devises en dollars déposées dans des établissements financiers hors du territoire américain.

**Euronext** : il s'agit d'une Bourse de valeurs européennes issue à l'origine de la fusion des Bourses françaises, néerlandaises, belges et portugaises.

**Eurosterlings** : il s'agit des devises en livres sterling échangées hors du Royaume-Uni.

**Euroyens** : il s'agit des devises en yens échangées hors du Japon.

**Événement de crédit** (aussi appelé « aléa de crédit ») : désigne tout événement ayant pour conséquence le non-remboursement de la dette d'un emprunteur.

**Faillite** : il s'agit d'une situation de cessation de paiement. Elle se matérialise notamment par l'ouverture d'une procédure de dépôt de bilan auprès d'un tribunal de commerce.

**Fermer une position** : il s'agit de vendre des contrats pour lesquels on était acheteur ou, inversement, d'acheter des contrats pour lesquels on était vendeur.

**Finance de marché** : il s'agit de la branche de la finance qui s'intéresse au fonctionnement des marchés financiers.

***Fitch Ratings*** : il s'agit d'une agence internationale de notation financière.

**Fonds indiciel** (voir ETF) : est un fonds de placement reproduisant les performances d'un indice boursier.

**Fonds d'investissement** : il s'agit d'une société qui a pour objectif d'investir des capitaux dans des entreprises, dans l'optique de générer une plus-value.

**FOREX** (*Foreign Exchange*) : est le marché des devises, un marché où s'échangent en permanence des devises les unes par rapport aux autres.

***Forward*** : c'est un contrat à terme. Il s'agit d'un engagement ferme, entre deux contreparties, pour acheter ou vendre une quantité déterminée d'actifs (le sous-jacent) à une date donnée (la date d'échéance) et à un prix (le prix d'exercice) convenu à l'avance.

***Forward start option*** (options à départ différé) : sont, comme leur nom l'indique, des options qui ne se déclenchent pas au moment de la signature du contrat, mais à une date future prédéterminée.

**FRA** (*Forward Rate Agreement*) : est un *forward* de taux permettant de fixer dès aujourd'hui un taux d'intérêt pendant un intervalle de temps débutant à une date future.

**FTSE 100** (*Financial Times Stock Exchange 100* (FTSE 100)) : regroupe les 100 titres les plus importants du *London Stock Exchange* (LSE).

**Futures** : c'est un contrat à terme. Autrement dit, il s'agit d'un engagement ferme entre deux contreparties pour acheter ou vendre une quantité déterminée d'actifs (le sous-jacent) à une date donnée (la date d'échéance) et à un prix (le prix d'exercice) convenu à l'avance.

**Gamma** : permet de mesurer la sensibilité du delta d'une option par rapport à la variation du prix du sous-jacent.

**GBP** (*Great Britain Pound*, la livre sterling) : est la devise officielle du Royaume-Uni.

**Hedge** (du verbe anglais *to hedge*, se couvrir en français) : est une stratégie d'investissement consistant à réduire ou à annuler son exposition au risque de marché sur un actif.

**Hedge fund** : contrairement à ce que peuvent laisser penser leurs noms, les *hedge funds* n'ont pas pour objectif de neutraliser le risque. Au contraire, ils doivent générer un fort retour sur investissement. C'est pour cela qu'en français on les appelle des fonds spéculatifs. De plus, n'étant pas régulés, ces fonds peuvent parfois user de stratégies d'investissement non conventionnelles. C'est pour cela qu'on les qualifie également de fonds alternatifs.

**High-yield bond** (obligation à haut rendement en français) : entrent dans cette catégorie toutes les obligations ayant une notation de type *Investment grade* (c'est-à-dire inférieure à BBB-).

**HSI** (*Hang Seng Index*) : il s'agit d'un indice boursier composé des 48 plus importantes capitalisations de la Bourse de Hong Kong.

**ICE** (*Intercontinental Exchange*) : est un réseau de Bourses internationales et de chambres de compensation.

**ICSD** : c'est un organisme chargé de la conservation des titres et de la gestion des systèmes de règlement-livraison. Il peut être national (*Central Securities Depository* (CSD)) ou international (*International Central Securities Depository* (ICSD)).

***Index Tracker*** (*Exchange-Traded Fund*) : est un fonds indiciel, autrement dit un fonds de placement reproduisant les performances d'un indice boursier.

**Índice Bovespa** : est un indice regroupant les 50 plus importantes capitalisations de la Bourse de São Paulo, plus connue sous le nom de *Bovespa (BOlsa de Valores do Estado de São PAulo)*.

**Indice de volatilité** : il s'agit d'un indicateur permettant d'évaluer le degré de volatilité d'un marché. Le plus connu est le *Volatility Index VIX*.

**Indices boursiers** : il s'agit d'un ensemble d'actions, généralement les capitalisations les plus importantes d'un marché.

**Intérêts simples** : on parle d'intérêts simples lorsque le calcul des intérêts ne prend en compte que le capital.

**Intérêts composés** : on parle d'intérêts composés lorsque le calcul des intérêts prend en compte le capital et les intérêts de la période précédente.

**Intérêts continus** : on parle d'intérêts continus quand la période utilisée pour faire le calcul des intérêts est considérée comme infiniment petite ; on parle de temps continu.

**Investisseurs institutionnels** : il s'agit de collecteurs d'épargne, comme les fonds de pension, les assurances ou les fonds d'investissement. Par conséquent, les « zinzins », comme on les appelle dans le jargon financier, disposent généralement d'importants volumes de liquidités à placer.

**Investment grade** : il s'agit d'une dette notée entre AAA et BBB par les agences de notations.

**IPC** (*Índice de Precios y Cotizaciones (IPC)*) : est un indice composé de 35 titres représentatifs de la Bourse du Mexique.

**ISDA** (*International Swaps and Derivatives Association*) : est une association professionnelle qui regroupe des intervenants du marché des produits dérivés. L'un de ses objectifs est de mettre à la disposition du marché des contrats standardisés, notamment pour les produits dérivés de gré à gré.

**Jambe fixe (*SWAP*)** : un *swap* est constitué de deux flux de paiement : un flux de paiement fixe (la jambe fixe) et un flux de paiement variable (la jambe variable).

**Jambe variable (*SWAP*)** : un *swap* est constitué de deux flux de paiement : un flux de paiement fixe (la jambe fixe) et un flux de paiement variable (la jambe variable).

**Junk bonds** : l'ancienne dénomination des *High-Yield Bonds*. Entrent dans cette catégorie toutes les obligations ayant une notation de type *speculative grade* (c'est-à-dire inférieure à BBB-).

**Knock-in down** : il s'agit d'un type d'option barrière ayant une barrière activante à la baisse.

**Knock-in up** : il s'agit d'un type d'option barrière ayant une barrière activante à la hausse.

**Knock-out down** : il s'agit d'un type d'option barrière ayant une barrière désactivante à la baisse.

**Knock-out up** : il s'agit d'un type d'option barrière ayant une barrière désactivante à la hausse.

**Lehman Brothers** : c'est une banque d'investissement américaine qui a fait faillite en septembre 2008. Cette faillite, considérée comme la plus importante de l'histoire des États-Unis, constitue le paroxysme de la crise des *subprimes*.

**Lettres grecques** : le prix d'une option peut varier en fonction de différents paramètres : le prix du sous-jacent, le temps, le taux d'intérêt et la volatilité. Les lettres grecques permettent de mesurer l'évolution de ces paramètres.

**LGD** (*Loss Given Default*) : est la perte enregistrée sur une dette à la suite d'un défaut de paiement.

**LIBOR** (*London Interbank Offer Rate*) : est le taux d'intérêt auquel des banques internationales installées à Londres prêtent le dollar à d'autres banques. On dit que ces banques s'échangent des eurodollars.

**LIFFE** (*London International Financial Futures and options Exchange*) : la Bourse principale des produits dérivés du Royaume-Uni.

**Light Sweet Crude Oil** : il s'agit d'un pétrole brut léger et ayant une faible teneur en soufre.

**Liquider (une position)** : il s'agit de vendre des contrats pour lesquels on était acheteur ou, inversement, d'acheter des contrats pour lesquels on était vendeur.

**Livraison** (également appelé règlement-livraison) : désigne la procédure au cours de laquelle des titres sont livrés contre un paiement.

**Long** : en finance, être long signifie qu'une hausse du titre, associée à notre investissement nous est bénéfique financièrement.

**Long straddle** : il s'agit d'une stratégie d'investissement d'options qui se construit par l'achat d'un *call* et d'un *put* ayant le même prix d'exercice. Les dates d'échéance et les sous-jacents des deux contrats doivent être identiques.

**Long strangle** : il s'agit d'une stratégie d'investissement d'options consistant à acheter un *put* et un *call* ayant un prix d'exercice différent. Cependant, la date d'échéance et le sous-jacent doivent être identiques.

**Long strap** : il s'agit d'une stratégie d'investissement d'options qui s'obtient en achetant deux *calls* et un *put* pour le même prix d'exercice et la même date d'échéance.

**Long strip** : il s'agit d'une stratégie d'investissement d'options qui s'obtient en achetant un *call* et deux *puts* pour le même prix d'exercice et la même date d'échéance.

**Marché des actions** : c'est un marché financier sur lequel sont émis et s'échangent des titres représentant des parts d'entreprises.

**Marché des changes** (*Foreign Exchange*) : est le marché des devises, un marché financier où s'échangent en permanence des devises les unes par rapport aux autres.

**Marché des matières premières** : c'est un marché où s'échangent des matières premières renouvelables (matières premières végétales et animales) et non renouvelables (matières énergétiques et métalliques).

**Marché interbancaire** : c'est un marché de gré à gré destiné aux banques. Elles peuvent ainsi se prêter entre elles à court terme (entre un jour et un an) et à des taux bas.

**Marché monétaire** : c'est un marché de gré à gré destiné au refinancement à court terme d'acteurs importants (banques, trésors publics, compagnies d'assurances, grandes entreprises).

**Marché obligataire** : c'est un marché financier sur lequel les banques, les entreprises et même les États peuvent obtenir du financement à moyen et à long terme.

**Marché organisé** : contrairement à un marché de gré à gré, un marché organisé est un marché standardisé sur lequel les investisseurs ont une contrepartie unique, qui est la chambre de compensation.

**Marge de maintenance** : la baisse maximale autorisée sur un marché organisé quand on traite un produit avec effet de levier. Le franchissement de cette limite déclenche un appel de marge.

**Mark to market** : c'est l'évaluation périodique, voire en continu, d'une position en fonction du prix du marché.

**Market makers** (voir *dealers*) : est une entité qui propose en continu un prix d'achat (*bid*) et un prix de vente (*ask*) pour des actifs.

**Matières premières** : les matières premières sont des matériaux extraits de la nature ou produits par cette dernière. Ces matériaux font généralement l'objet d'une transformation et d'une utilisation économique. On peut diviser les matières premières en deux grandes familles : les renouvelables (matières premières végétales et animales) et les non renouvelables (matières énergétiques, matières métalliques et matières minérales).

**Méthode de Monte-Carlo (VaR)** : il s'agit d'une méthode de détermination de la *Value at Risk* (VaR). On parle également de simulation de Monte-Carlo, car il s'agit de simuler le comportement futur d'un actif d'après un très grand nombre de scénarios.

**Méthode historique (VaR)** : il s'agit d'une méthode de détermination de la *Value at Risk* (VaR). Comme l'indique son nom, cette méthode est fondée sur un échantillonnage des données historiques des transactions d'un ou de plusieurs actifs.

**Méthode paramétrique (VaR)** : il s'agit d'une méthode de détermination de la *Value at Risk* (VaR). Elle s'appuie sur la résolution d'une équation simple dépendant de plusieurs paramètres comme le nombre de jours, le montant total de l'actif ou l'écart-type.

**Modèle Black-Scholes-Merton** : il s'agit d'une méthode d'évaluation du prix des options, ainsi désignée en hommage aux chercheurs Fischer Black, Myron Scholes et Robert Merton pour leurs contributions dans ce domaine.

**Monte-Carlo (*Pricing*)** : il s'agit d'une méthode d'évaluation du prix d'une option nécessitant des simulations sur un très grand nombre de scénarios. Cette méthode est généralement utilisée quand il n'y a pas de méthode analytique du type modèle Black-Scholes-Merton.

**Moody's** : est une agence internationale de notation financière.

**Nasdaq 100** (*National Association of Securities Dealers Automated Quotations 100*) : est un indice boursier américain constitué des cent plus importantes capitalisations non financières de la Bourse du Nasdaq.

**Nikkei 225** : il s'agit du principal indice boursier japonais. Il doit son nom à l'entreprise éponyme, qui est également le plus grand groupe de médias au Japon.

**Nominal** : le nominal d'un contrat est égal au nombre de contrats négociés multiplié par le prix d'un contrat.

**NYMEX** (*New York Mercantile Exchange*) : est une Bourse américaine spécialisée dans les matières premières. C'est notamment la Bourse la plus importante au monde en ce qui concerne les *futures* sur les métaux.

**NYSE** (*New York Stock Exchange*) : est la principale place boursière américaine et la plus grande Bourse mondiale en termes de capitalisation boursière. Elle a fusionné en 2007 avec Euronext pour former le *NYSE Euronext*.

**NYSE Euronext** : c'est la fusion du *New York Stock Exchange* et d'Euronext, soit les principales Bourses de Paris, d'Amsterdam, de Lisbonne et de Bruxelles.

**OCC** (*Options Clearing Corporation*) : est une chambre de compensation américaine spécialisée dans la compensation des produits dérivés d'actions.

**Once *troy*** : il s'agit de l'unité de mesure de l'or. L'once *troy* vaut 31,1034768 grammes. Elle est généralement utilisée comme unité de mesure des métaux précieux (argent, platine et palladium).

**OPCVM** (organisme de placement collectif en valeurs mobilières) : est un intermédiaire financier qui collecte et investit de l'épargne publique (particuliers, entreprises) sur les marchés financiers. Les OPCVM sont constitués de deux types de produits principaux, qui sont les SICAV (sociétés d'investissement à capital variable) et les FCP (fonds communs de placement).

**Option à départ différé** : il s'agit d'un type d'option exotique. Également appelées *forward start options*, les options à départ différé sont, comme leur nom l'indique, des options qui ne se déclenchent pas au moment de la signature du contrat, mais à une date future prédéterminée.

**Option à *payoff* modifié** : la manière dont la performance économique (*payoff*) d'un contrat d'option est calculée peut être modifiée. Les types d'options les plus populaires de cette catégorie sont les options digitales.

**Option asiatique** : il s'agit d'un type d'option exotique. Une option asiatique fonctionne de la même manière qu'une option classique, à la différence près que sa performance est obtenue en faisant la différence entre son prix d'exercice et le prix moyen du sous-jacent pendant la durée de vie du contrat.

**Option barrière** : il s'agit d'un type d'option exotique. La barrière, ici, peut avoir deux rôles : soit celui d'activateur, soit celui de désactivateur de l'option. Quand la barrière a un rôle d'activateur, on parle d'option **knock-in**. À l'inverse, quand la barrière a un rôle désactivateur, on parle d'option **knock-out**.

**Options binaires** (voir options digitales) : sont caractérisées par le fait de réduire le *payoff* d'un contrat d'option à deux possibilités : la perte ou le gain d'un montant fixe (par exemple un euro).

**Option cliquet** : il s'agit d'un type d'option exotique. Il est composé de la combinaison d'une option classique suivie de plusieurs options à départ différé.

**Option composée** (*compound option* dans la terminologie anglo-saxonne) : est une option sur des options. On distingue quatre combinaisons d'options composées, qui peuvent être un *call* sur un *call*, un *put* sur un *put*, un *call* sur un *put* ou un *put* sur un *call*.

**Option d'échange** : il s'agit d'un type d'option exotique. C'est un contrat permettant à son détenteur d'échanger un actif contre un autre dans un intervalle de temps et selon des conditions définies au départ.

**Options digitales** : il s'agit d'un type d'option exotique. Plus connues sous l'appellation options binaires, ces options sont caractérisées par le fait de réduire le *payoff* d'un contrat d'option à deux possibilités : la perte ou le gain d'un montant fixe (par exemple un euro).

**Options exotiques** : désignent les options qui ne sont ni des *calls* ni des *puts*. Du fait de cette définition, les types d'options entrant dans cette catégorie sont très nombreux. En réalité, la seule limite des types d'options exotiques est l'imagination des ingénieurs financiers.

**Option *lookback*** : il s'agit d'un type d'option exotique. C'est une option dont le prix d'exercice est déterminé à partir du cours du sous-jacent le plus avantageux pour l'acheteur pendant la période de validité du contrat. En conséquence, le vendeur reçoit un premium plus élevé que celui d'une option classique équivalente.

**Option *shout*** : il s'agit d'un type d'option exotique. Une option *shout* ressemble en tout point à une option classique, à ceci près que son détenteur a, en plus des droits qu'offre une option classique, le droit de choisir le prix du sous-jacent qu'il juge le plus avantageux, et ce une seule fois avant la fin de validité du contrat. Le choix du prix du sous-jacent doit cependant être fait en temps réel et non *a posteriori*.

**Option, contrat d'option** : peut se définir comme étant un contrat qui donne à la contrepartie acheteuse du contrat (le « long ») le droit, mais pas l'obligation, d'acheter ou de vendre un actif (le sous-jacent) à un prix (le prix d'exercice), à une date (la date d'échéance) et à un montant (le nominal) déterminés à l'avance.

**Options choix** : il s'agit d'un type d'option exotique. Plus connues sous l'appellation *chooser options*, les options choix permettent à leur acquéreur de décider avant l'échéance, et pendant un laps de temps prédéterminé, s'il souhaite que son contrat soit un *put* ou un *call*. En général, le prix d'exercice du *call* et celui du *put* sont identiques.

**Options sur paniers** : il s'agit d'un type d'option exotique. Les options sur paniers, ou *basket options*, sont des options pour lesquelles le sous-jacent est constitué de plusieurs actifs différents. Le panier d'actifs sous-jacent peut être composé de plusieurs devises, de plusieurs indices, des actions d'un secteur particulier, etc.

**OTC** (*Over The Counter* (voir de gré à gré)) : cela désigne un marché sur lequel les acheteurs et les vendeurs négocient directement sans passer par l'intermédiaire d'une plate-forme centralisée.

**Path-dependent options** : c'est une famille d'option exotique dont le résultat à l'échéance dépend de la trajectoire empruntée par ces options. On y retrouve les options barrières, les options asiatiques, les options *lookback* et les options *shout*.

**Payoff** : le *payoff* d'un contrat désigne sa performance économique.

**PIB** : il désigne le produit intérieur brut, c'est-à-dire un indicateur économique qui mesure la production économique réalisée par un pays pendant une période donnée.

**Plain vanilla swap** (comprenez un *swap* de taux basique) : est un mécanisme financier au cours duquel une entité A verse un taux d'intérêt fixe à une entité B, pendant que l'entité B verse un taux d'intérêt variable à l'entité A, le tout dans la même devise.

**Point de base** : un point de base est égal à 0,0001, soit un pour cent d'un pour cent.

**Premier choc pétrolier** : désigne la première hausse à la fois massive et rapide du prix du pétrole, que l'on date à l'année 1973.

**Premium, prime** : certains produits dérivés comme les options ou les *Credit Default Swap* (CDS) nécessitent le paiement d'une prime pour bénéficier des avantages inhérents à l'achat de ces contrats.

**Prêts parallèles** : c'est une stratégie financière permettant à deux entreprises (généralement multinationales), situées dans deux zones monétaires différentes, de s'échanger des devises sans passer par un intermédiaire de change.

**Prix d'exercice** (*strike*) : est le prix d'achat ou de vente du sous-jacent. Ce prix est choisi au moment de la signature du contrat d'option. Le prix d'exercice restera le même jusqu'à la fin du contrat d'option, contrairement au cours du sous-jacent, qui variera au gré de l'offre et de la demande.

**Probabilité de défaut** : c'est une estimation de la probabilité qu'un emprunteur soit dans l'incapacité de payer ses créanciers.

**Probabilité de survie** : c'est une estimation de la probabilité qu'un emprunteur soit en mesure de payer ses créanciers.

**Produits dérivés** : les produits dérivés sont ainsi nommés, car leur valeur dépend de la valeur d'un autre actif. Cet autre actif, généralement appelé sous-jacent, peut être une action, une obligation, une devise ou tout autre actif financier.

*Put* : il s'agit d'un contrat d'option de vente.

*Put spread* : il s'agit d'une stratégie d'investissement d'options, qui se réalise par la vente d'un *put* et l'achat d'un *put* ayant un prix d'exercice différent dans le même intervalle de temps.

**Ratio de fonds propres** : c'est la proportion minimale de fonds propres que doivent détenir les banques, conformément aux recommandations de la Banque des règlements internationaux.

**Ratio financier** : est simplement un quotient obtenu en divisant un chiffre comptable par un autre. Par exemple, le bénéfice net divisé par le chiffre d'affaires est un ratio qui permet d'apprécier la marge bénéficiaire d'une entreprise.

**Réconciliation** : processus de marché qui permet de s'assurer qu'en face de chaque acheteur il y a un vendeur, et *vice versa*.

**Restructuration (dette)** : il s'agit du processus mis en place quand un emprunteur n'arrive plus à rembourser correctement sa dette. Dans ce cas, des concessions peuvent être demandées aux créanciers en termes de temps (report du paiement des intérêts ou du principal) ou en termes financiers (annulation d'une partie de la dette).

**Rhô** : permet de mesurer la sensibilité du prix d'une option par rapport à la variation du taux d'intérêt.

**Risque de contrepartie** (ou risque de crédit) : est le risque qu'un emprunteur ne rembourse pas une partie ou l'ensemble de la dette qu'il a contractée.

**Risque de crédit** (risque de contrepartie) : est le risque qu'un emprunteur ne rembourse pas une partie ou l'ensemble de la dette qu'il a contractée.

**Risque de défaut** (synonyme de risque de contrepartie ou de crédit) : il s'agit du risque qu'un emprunteur ne rembourse pas une partie ou l'ensemble de la dette qu'il a contractée.

**Risques de marché** : c'est le risque de perte inhérent aux variations des marchés (actions, devises, taux d'intérêt, matières premières, etc.).

**Russell 1000** : il s'agit d'un indice boursier représentant les 1 000 plus importantes capitalisations boursières des États-Unis.

**S&P 500** (*Standard & Poor's 500*) : est un indice boursier composé de 500 titres représentant les plus importantes capitalisations boursières des États-Unis.

**S&P/ASX 200** (*Standard & Poor's / Australian Securities Exchange 200 (S&P/ASX 200)*) : est composé de 200 titres cotés sur l'*Australian Securities Exchange*.

**S&P/TSX 60** (*Standard & Poor's / Toronto Stock Exchange 60 (S&P/TSX 60)*) : représente les 60 plus importantes valeurs du *Toronto Stock Exchange*.

**Short straddle** : il s'agit d'une stratégie d'investissement d'options que l'on obtient par la vente d'un *call* et d'un *put* ayant le même prix d'exercice. Les dates d'échéance et les sous-jacents des deux contrats doivent être identiques.

**Short strangle** : il s'agit d'une stratégie d'investissement d'options qui consiste en la vente d'un *put* et celle d'un *call* ayant des prix d'exercice différents. Cependant, la date d'échéance et le sous-jacent doivent être identiques.

**SOFFEX** (*Swiss Options and Financial Futures Exchange*) : est la Bourse principale de produits à terme et d'options du marché suisse.

**Solvency II** : il s'agit d'une réglementation destinée à une meilleure gestion des fonds propres des compagnies d'assurances.

**Sous-jacent** : il s'agit d'un actif qui sert de support pour un investissement sur les produits dérivés. Cet actif peut être financier (action, devise, taux d'intérêt, etc.), mais il peut également être question d'un actif physique (produit agricole, métal, métal précieux, source d'énergie), d'un indice boursier ou d'un indice climatique.

**Spéculation** (voir *trading*) : il s'agit d'une démarche consistant à anticiper l'évolution d'un marché dans l'optique d'en tirer profit en achetant ou en vendant un ou plusieurs titres.

***Speculative grade*** : c'est la catégorie dans laquelle on classe les dettes notées entre BB et DDD par les agences de notation. Les émissions de cette catégorie sont mieux adaptées à des investissements à court terme. Quand ces dettes sont des obligations, on parle de *high-yield bonds* (obligations à haut rendement).

***Spot*** (« au comptant ») : se dit d'un marché sur lequel le paiement et la livraison ont lieu quasiment au même moment.

***Spread*** **(stratégie d'options)** : est une combinaison qui implique l'achat et la vente au même moment de deux *calls* différents ou de deux *puts* différents.

***Spread*** **de crédit** : voir « premium », « prime »

**SPV** (*Special Purpose Vehicle*) : est une structure juridique mise en place pour servir de véhicule de financement dans une opération de titrisation.

**Standard & Poor's** : il s'agit d'une agence internationale de notation financière.

*Storage cost* (voir coût de stockage) : est le coût associé à la conservation d'une matière première.

**Stoxx 50** : il s'agit d'un indice comprenant les 50 plus importantes capitalisations boursières d'Europe.

*Straddle* : il s'agit d'une stratégie d'investissement d'options. Elle se construit par l'achat d'un *call* et d'un *put* ayant le même prix d'exercice (pour un *long straddle*) ou par la vente d'un *call* et d'un *put* ayant le même prix d'exercice (*short straddle*). Les dates d'échéance et les sous-jacents des deux contrats doivent être identiques.

*Strangle* : il s'agit d'une stratégie d'investissement d'options consistant à acheter un *put* et un *call* ayant des prix d'exercice différents (*long strangle*) ou à vendre un *put* et un *call* ayant des prix d'exercice différents (*short strangle*). Cependant, la date d'échéance et le sous-jacent doivent être identiques.

*Straps* : un *long strap* s'obtient en achetant deux *calls* et un *put* pour le même prix d'exercice et la même date d'échéance.

*Stress test* (« test de résistance ») : consiste à simuler une situation de crise dans un établissement financier. Pour ce faire, on considère des événements ayant une très faible probabilité de survenue, mais un impact très important sur une banque ou sur l'ensemble des marchés financiers (ex. :

les attentats du 11 septembre 2001, la chute de la banque Lehman Brothers en 2008, etc.).

**Strike** (« prix d'exercice ») : est le prix d'achat ou de vente du sous-jacent. Ce prix est choisi au moment de la signature du contrat d'option. Le prix d'exercice restera le même jusqu'à la fin du contrat d'option, contrairement au cours du sous-jacent, qui variera au gré de l'offre et de la demande.

**Strips** : un *long strip* s'obtient en achetant un *call* et deux *puts* pour le même prix d'exercice et la même date d'échéance.

**Swap** : vient de l'anglais *to swap,* qui signifie échanger. En finance, un *swap* désigne un échange de flux financiers entre deux contreparties.

**Tableau de flux de trésorerie** : il permet de connaître la variation de la trésorerie de l'entreprise pendant une période de temps donnée.

**Taux d'intérêt domestique** : il s'agit du taux d'intérêt en vigueur dans le pays où se passe une transaction du point de vue légal.

**Taux d'intérêt étranger** : par opposition au taux d'intérêt domestique, le taux d'intérêt étranger est le taux d'intérêt pratiqué dans la zone monétaire de la contrepartie.

**Taux de recouvrement** : se définit comme étant le pourcentage de dette récupéré par les créanciers après le défaut d'un emprunteur.

**Taux de référence** : c'est le taux d'intérêt le plus fréquemment utilisé pour le calcul des instruments financiers (ex. : les *swaps*, les FRAs). Il s'agit en général de taux interbancaires comme le LIBOR ou l'EURIBOR.

**Taux d'intérêt fixe** : il s'agit d'un taux d'intérêt qui ne varie pas pendant toute la durée d'un emprunt ou d'un placement.

**Taux d'intérêt variable** : il s'agit d'un taux d'intérêt qui peut varier pendant la durée d'un emprunt ou d'un placement. Les taux qui sont généralement choisis comme références sont les taux interbancaires (LIBOR, EURIBOR, etc.).

***T-Bond*** (*Treasury Bond*) : désigne une obligation émise par le gouvernement américain. Sa maturité est qualifiée de longue, car un *T-Bond* a une maturité d'au moins 10 ans.

**Test de résistance** (*stress test*) : consiste à simuler une situation de crise dans un établissement financier. Pour ce faire, on considère des événements ayant une très faible probabilité de survenue, mais un impact très important sur une banque ou sur l'ensemble des marchés financiers (ex. : les attentats du 11 septembre 2001, la chute de la banque Lehman Brothers en 2008, etc.).

**TFX** (*Tokyo Financial Exchange*) : est une Bourse japonaise spécialisée sur les contrats à terme.

**Thêta** : permet de mesurer la sensibilité du prix d'une option par rapport à la variation du temps qui passe.

**TIBOR** (*Tokyo Interbank Offer Rate*) : est un taux de référence interbancaire auquel les banques se prêtent entre elles sur le marché domestique japonais.

**Titrisation** (*securitization* en anglais) : est un montage financier consistant à regrouper des actifs peu ou pas liquides, afin de créer de nouveaux produits négociables et attractifs pour les investisseurs en passant par une société *ad hoc*.

**T-Note** (*Treasury Note*) : est une obligation émise par le gouvernement américain. Sa maturité est qualifiée de moyenne, car elle varie de 2 à 10 ans.

**Trading** (voir spéculation) : il s'agit d'une démarche consistant à anticiper l'évolution d'un marché dans l'optique d'en tirer profit en achetant ou en vendant un ou plusieurs titres.

**Trading algorithmique** : il s'agit d'un type d'investissement caractérisé par le fait que les ordres d'achat et de vente sont passés par le biais d'outils informatiques et généralement sans intervention humaine.

**Tranche *equity*** : à l'issue du processus de titrisation d'un ou de plusieurs actifs, on obtient un produit négociable qui peut être scindé en plusieurs tranches de trois types. Les tranches de type *equity* sont les tranches les plus risquées. En général, elles ne sont pas notées.

**Tranche *mezzanine*** : à l'issue du processus de titrisation d'un ou de plusieurs actifs, on obtient un produit négociable qui peut être scindé en plusieurs tranches de trois types. Les tranches de type *mezzanine* sont des tranches de notes intermédiaires.

**Tranche *senior*** : à l'issue du processus de titrisation d'un ou de plusieurs actifs, on obtient un produit négociable qui peut être scindé en plusieurs tranches de trois types. Les tranches de type *senior* sont les tranches les mieux notées.

**Treasury Bill (T-Bill)** : il s'agit d'obligations émises par le gouvernement américain. Leurs maturités sont qualifiées de courtes, car elles sont de moins d'un an.

**Trésorerie** : est constituée des actifs à court terme dont dispose une entreprise. Cela inclut le cash, les dépôts à vue, ainsi que tout autre actif à court terme convertible rapidement en cash.

**Triple A (AAA)** : c'est la notation la plus élevée que peuvent accorder les agences de notation financière. Cette note signifie que le risque de crédit est quasiment inexistant.

**Turbos** : il s'agit d'un produit dérivé de type option barrière commercialisé auprès du grand public.

**Valeur faciale** : il s'agit de la valeur que fixe l'émetteur d'un titre.

**Valeur intrinsèque** : c'est la plus-value qui serait réalisée si l'on vendait un contrat d'option immédiatement après l'avoir acheté (la prime de l'option est négligée ici). On ne l'observe que pour les options dans la monnaie, car, pour les options à la monnaie et en dehors de la monnaie, la valeur intrinsèque est nulle.

**Valeur temps** : il s'agit de la probabilité que l'option puisse être exercée à la date d'échéance. La valeur temps diminue donc avec le temps, car, pour une option d'achat, l'amplitude de hausse du sous-jacent diminue également avec le temps.

**VaR** : la *Value at Risk* se définit comme étant la perte maximale à laquelle on s'expose pour une probabilité et un horizon de temps donnés.

**Véga** : mesure la sensibilité du prix d'une option par rapport à la variation de la volatilité implicite.

**Vente à découvert** : il s'agit d'une opération boursière qui consiste à vendre des titres d'une action que l'on ne possède pas, dans l'espoir de les racheter plus tard à un prix plus bas et de réaliser ainsi une plus-value.

**VIX** (*Volatility Index*) : est l'indice de volatilité le plus connu sur les marchés financiers. Il est obtenu en faisant la moyenne des volatilités implicites des options de l'indice *S&P 500*.

**Volatilité** : il s'agit de l'amplitude des variations d'un titre sur les marchés à l'intérieur d'un horizon de temps. Elle peut être obtenue grâce à l'écart-type.

**Volatilité historique** : il s'agit de la volatilité calculée à partir des variations des cours historiques d'un actif financier. Le calcul, dans ce cas, se fait en utilisant l'écart-type.

**Volatilité implicite** : la volatilité implicite est une volatilité future qui peut être obtenue *via* la formule de Black et Scholes.

**WTI** (*West Texas Intermediate*) : est le pétrole brut de référence aux États-Unis.

**Yen (JPY**, *Japanese Yen***)** : est la devise officielle du Japon.

*Yield curve* (voir courbe des taux) : désigne une représentation graphique de l'évolution des taux d'intérêt en fonction de différentes échéances de temps.

# INDEX

## A

## B

# D

# P

# T